现代职业教育研究前沿论丛　丛书主编：王振洪　朱永祥
浙江省现代职业教育研究中心后期资助项目研究成果
（编号：2019jdhq02）

现代职业教育师资培养研究

汤　霓◎著

安徽师范大学出版社
ANHUI NORMAL UNIVERSITY PRESS
·芜湖·

图书在版编目(CIP)数据

现代职业教育师资培养研究 / 汤霓著. — 芜湖：安徽师范大学出版社，2020.11（2021.6重印）
ISBN 978-7-5676-4691-9

Ⅰ.①现… Ⅱ.①汤… Ⅲ.①职业教育－师资培养－研究－中国 Ⅳ.①G715

中国版本图书馆CIP数据核字(2020)第202379号

现代职业教育师资培养研究　　汤　霓◎著

责任编辑：潘　安　责任校对：胡志恒
装帧设计：丁奕奕　责任印制：桑国磊
出版发行：安徽师范大学出版社
芜湖市九华南路189号安徽师范大学花津校区　　邮政编码：241002
网　　址：http://www.ahnupress.com
发 行 部：0553-3883578　5910327　5910310(传真)
印　　刷：江苏凤凰数码印务有限公司
版　　次：2020年11月第1版
印　　次：2021年6月第2次印刷
开　　本：700 mm × 1000 mm　1/16
印　　张：15.5
字　　数：230千字
书　　号：ISBN 978-7-5676-4691-9
定　　价：58.00元

序

汤霓博士的新著《现代职业教育师资培养研究》即将付梓。该专著是她在博士学位论文的基础上修改完成的。作为她的博士生导师，我很高兴为该专著撰写序言。

教师队伍是发展职业教育的第一资源，是支撑新时代国家职业教育改革的关键力量，教师队伍素质的高低决定着职业教育事业发展的水平。当前，全国职业院校专任教师共有135.73万人，其中，中职专任教师有84.29万人，高职专任教师有51.44万人。职业院校教师承担着2857万在校生的培养工作，是我国职业教育和人力资源开发的重要支撑力量。近年来，党和国家对职业院校教师队伍建设高度重视。2018年中共中央、国务院颁布的《关于全面深化新时代教师队伍建设改革的意见》指出，要“全面提高职业院校教师质量，建设一支高素质双师型的教师队伍”。2019年国务院印发的《国家职业教育改革实施方案》指出，要“多措并举打造‘双师型’教师队伍”。同年，教育部等四部门联合印发《深化新时代职业教育“双师型”教师队伍建设改革实施方案》，从职教教师培养补充、资格准入、培训发展、考核评价、待遇保障等方面，提出具体解决举措。在党和国家的高度重视下，在一系列利好政策的引导下，职教教师队伍建设水平明显提升，职教教师培养培训体系基本建成。但是，与新时代国家职业教育改革的新要求相比，我国职教教师队伍的专业化水平仍然偏低，职教教师培养培训体系仍不完善，成为制约我国职业教育改革发展的瓶颈。

汤霓博士正是基于这样一个对现实诉求的思考，抓住了职教教师专业发展的核心问题，以及职教师资培养的三大基本要素，立足国际视野，以比较研究和历史研究为主要方法手段，并遵循“由演绎到归纳”的研究路线，力图准确把握职教师资培养专业化的外在形态和内在功能。

该专著首先构建了职教师资培养的比较分析框架和分析模型，然后分别对英国、美国和德国的职教师资培养进行历史分析和剖面分析，总结三国职教师资培养的主要特点并分别构建三国职教师资培养的模型，同时基于比较分析框架，对三国职教师资培养现状进行对比，对三者的差异与共性进行分析，并对职教师资培养的基本经验与规律进行总结，最后基于新的理论视角，提出我国职教师资培养的改进对策，并试图构建我国职教师资培养的理想模型。

纵览全书，该专著有以下几个特点：

一是创新的理论视角。该专著将普通教育教师研究领域的PCK（Pedagogical Content Knowledge，学科教学知识）相关理论应用于职教教师专业发展领域，并对其进行再概念化为VPCK（Vocational education Pedagogical Content Knowledge，职业教育专业教学知识），以作为考察职教师资培养内在实质专业化的理论工具。

二是多维的技术路线。该专著将历史研究与现实研究、国际研究与国内研究、宏观研究与微观研究、理论分析与案例分析等多个维度相结合，多渠道收集一手资料，文本信息充实。

三是清晰的分析框架。该专著基于职教师资培养外在形式专业化和内在实质专业化两个维度，依据结构功能主义范式，构建了比较分析框架。在此基础上，还构建了一个高度抽象的分析模型，以保证各国职教师资培养的讨论上升到系统层面。依照比较分析框架和分析模型，该专著从国际到国内，从理论到案例，一以贯之，条理清晰，且形象立体。

四是较大的研究价值。以往关于职教师资培养的研究较多，但该专著另辟蹊径，提供一种新的理论视角和工具，将职教师资培养的外在和内在维度相结合，深度解剖国内外现状，并为我国职教师资培养的实践提供一条革新路径与改革框架，具有较大的理论价值和实践价值。

该专著凝聚了汤霓博士四年的心血，并获得了浙江省现代职业教育研究中心的后期资助。该中心作为“现代职业教育研究前沿论丛”的支持单位，为职业教育研究成果集聚提供了广阔平台。相信此作品的付梓问世，将会成为汤霓博士学术道路上的一项重要成果，也是对职业教育学术界的一项贡献。

汤霓博士作为近年来职业教育研究领域中的学术新秀，综合素质高，学术成果显著，博士期间曾在美国加州大学洛杉矶分校和英国伦敦大学学院教育学院访学，研究视野开阔。她博士毕业后，便进入教育部职业技术教育中心研究所工作。在全国最高的职业教育研究平台上，相信她能不忘初心，继续前行，再创佳绩！

华东师范大学终身教授 石伟平

2020年初秋于上海

目　录

第一章
绪 论

职业教育（为行文方便，有时候简称“职教”）师资培养是世界各国职业教育发展的核心议题。国际上一些国家的师资培养经历了一个从非组织化到组织化的过程，对其他国家职业教育师资培养的改革进程产生了重要影响。改革开放以来，我国职业教育教师队伍的整体水平有了相应提高，但我国职业教育师资培养体系仍有待完善。面对职业教育改革的新形势与新挑战，寻找适合我国国情的职业教育师资专业化培养模式，完善我国职业教育师资培养体系，成了我国职业教育理论研究者和工作者面前的一个重要命题。

第一节　研究缘起与意义

一、研究缘起

（一）发现职业教育师资培养困境

职业教育事业的兴衰，取决于内部条件和外部环境两个方面，其中内部条件的第一要素就是教师。可以说，职业教育师资队伍的整体质量提升是职业教育实现内涵发展、实现现代化等目标的重要依凭。

改革开放以来，我国职业教育逐渐进入了发展的快车道，无论是发展速度还是发展质量均有令人瞩目的表现。随着职业教育发展外部环境的日趋改善，教师队伍的整体水平有了相应的提高，但是教师质量仍然是制约我国职业教育进一步发展的“瓶颈”。为了解决这一问题，首先需要在我国建立完善的职业教育师资培养体系作为保障，为职业院校教师的职前、职后发展提供更好的成长路径和学习环境。

1996年颁布的《中华人民共和国职业教育法》第三十六条明确规定：县级以上各级人民政府和有关部门应当将职业教育教师的培养和培训工作纳入教师队伍建设规划，保证职业教育教师队伍适应职业教育发展的需要；职业学校和职业培训机构可以聘请专业技术人员、有特殊技能的人员和其他教育机构的教师担任兼职教师，有关部门和单位应当提供方便。

职业教育师资培养培训的重要地位在法律层面得以确立，有效推动后期相关政策的制订和各项工作的开展，如国家重点职业教育师资培养培训基地的建设、国家职业教育师资培训培养重点项目、境外职业教育师资培训进修合作项目等。

然而，我国职业教育师资培养培训体系仍不完善，缺乏培养高层次职业教育教师的渠道，大多复制普通师范教育模式，无法彰显职业教育教师的特色。具体而言，我国教育部2013年正式印发了《中等职业学校教师专业标准（试行）》，现在看来，首先，该标准的参与主体、设计与最终的落地实施缺乏系统的顶层设计；其次，我国中、高职教师需要持证上岗，但该标准制订的科学性、内容设计的合理性、运行实施的保障机制等难以满足当前职业教育教师专业发展的需要；最后，课程开发机制不健全，课程内容重理论轻实践、组织逻辑不清晰，培养机构的课程质量参差不齐等。

上述职业教育师资培养困境的存在，促使人们深入思考：我国职业教育师资的培养到底需要什么样的专业标准？职业教育教师资格制度该如何设计？具体的职业教育师资培养课程内容和设置应该是什么样的？

（二）探寻职业教育师资培养进程

纵览师资培训的历史，早期的教育工作者，是在前人的影响下，通过自己的摸索逐渐成长起来的。学校教育出现后，仅靠自己的摸索已经不够了，这时出现了师傅带徒弟的形式。18世纪后，随着工业化社会的到来，教育的普遍发展呼吁大量职业化的教师，专门的师范教育随之兴起。从19世纪开始，有组织的师范教育不断发展，到现在已呈现出高度组织化的态势。特别是20世纪60年代以后，教师专业化成了一股强劲的思想浪潮，推动了世界各国教师教育新观念和新制度的建立。如今，教师专业化成了促进教师教育发展和提高教师社会地位的成功策略，成了师资培养或教师教育专业化的最终目标。

职业教育教师培养专业化，催生了不同的培养模式：

模式一，职业教育教师是某具体职业活动领域的从业人员，他们通过额外的课程掌握了教学和培训管理技术并获得教师资格证书，为教育行业的工作提供了必要的业务能力准备；

模式二，职业教育教师循序渐进地接受某一学科的学习，如通过本科层次课程的学习，掌握一般教学技能，从而获得进入教育行业所需的业务能力；

模式三，职业教育教师同时接受一门学科和教育学的学习，获得本科或硕士学位，通常情况下，学科学习内容不多，附带职业教育方面的教学论等；

模式四，职业教育教师的学习内容来自工作，而不是个别学科，这是基于对职业科学的一种整合性的认识。

不同的职业教育教师培养模式，导致各国对职业教育教师从业资格有不同的要求，在职业教育师资培养专业化进程中的制度形态方面呈现不同的特征。

职业教育师资培养专业化还体现在相关学科体系的发展上。20世纪70年代，德国教育学会提出，专门设置、与相关学科相协调（而不是对应）的大学专门教育，是职业教育教师专门化的基础。进入21世纪，职业教育教师专业化发展的呼声进一步推动职业教育教师教育学科体系的发展。2004年，联合国教科文组织（UNESCO）在中国杭州举办了联合国教科文职业教育教师培养创新创优国际会议，通过了国际职业教育师资硕士课程框架。如今，促进职业教学论等职业教育基础学科的教学与研究的发展，成了许多国家推进职业教育师资培养专业化进程的共识，而这门学科在不断发展和完善中。

二、研究意义

（一）理论意义

第一，本研究将近年来国际上兴起的、主要聚焦于普通教育教师研究领域的PCK（Pedagogical Content Knowledge，学科教学知识）相关理论应用于职业教育教师专业发展领域，并对其进行再概念化，从而丰富职业教育教师专业发展的认识和理解，进而为职业教育师资培养的研究提供一种新的视角和理论工具。首先，自20世纪80年代舒尔曼提出PCK以来，研究者对PCK的定义和构成成分不断拓展，并引入新的理论视角和实证研究方法将PCK运用于教师研究中。虽然研究者们逐渐认识到PCK对教师专业发展的重要意义，但大多数研究仍然聚焦于普通教育教师，鲜有研究者将PCK这一理论工具运用于职业教育教师的专业发展中来。因此，本研究试图将PCK置于职业教育的语境中并将其再概念化为VPCK（Vocational education Pedagogical Content Knowledge，职业教育专业教学知识），从VPCK的视角考察职业教育教师的专业发展，同时进一步丰富教师专业发展理论。其次，从知识论的视角考察职教教师专业发展，能进一步为职业教育师资培养专业化的研究提供理论工具。从现有的大量关于职业教育师资培养的文献来看，大多数研究从外在的制度化层面描述职业教育师资培养的专业化形态，却鲜有研究者能从内在实质专业化的视角解释职业教育师资培养的专业化。因此，本研究引入PCK的视角，能从教师专业发展这一内在实质专业化的角度把握本研究的核心，同时结合职教师资培养外在形式专业化的基本要素的选定，构建职业教育师资培养比较分析框架和分析模型，从而为职业教育师资培养专业化研究提供分析工具。

第二，本研究通过对多国职业教育师资培养的发生和演变的历史事实进行分析研究，揭示职业教育师资培养发展的历史规律，进而丰富教师教育的相关理论。从已有的研究来看，多数研究从普通教育的角度分析了教师教育从非专业化到专业化的过渡与发展。而职教教师教育的发展，既有与普通教师教育发展的共性，又有其特殊性。本研究则通过对多国职教师资培养发展历程的梳理，分析出职教师资培养专业化的历史进路，以丰富教师教育专业化领域的相关理论研究。

（二）实践意义

第一，本研究通过对多国职业教育师资培养的历史和现状进行分析和呈现，有助于人们了解职业教育师资培养的基本特征及其特点形成的原因，有助于为我国职业教育师资培养的实践改革提供参考的事实依据。

第二，本研究通过对职业教育师资培养的基本要素的分析，构建了本研究的比较分析框架，有助于人们对职业教育师资培养的结构和功能的理解和把握。同时，本研究构建了职业教育师资培养的分析模型，有助于为我国职业教育师资培养的实践提供参考。

第二节　国内外研究现状

本节从职业教育教师的专业化、职业教育师资的培养、职业教育师资培养的比较三个方面对国内外代表性的研究成果进行综合呈现，并力求在当前国内外研究成果的基础上寻找本研究可能的突破空间。

一、职业教育教师专业化的研究

“教师专业化”这个概念自20世纪60年代被提出后，国际上关于此主题的研究非常丰富，可以说涉及“教师专业化”的方方面面。而随着“教师专业化”研究的发展，关于职业教育教师的专业化逐渐被国外研究机构和研究学者关注。从现有的国外相关研究成果来看，关于职业教育教师专业化的研究，首先，聚焦在对职业教育教师专业化内涵的理解上。如德国学者葛洛曼等指出，关于职业教育教师专业化的讨论，长期以来被限制在培训课程的科学化，或者更准确地说，是为成为一名职业学校教师而进行的学术化学习。因此这种讨论仍然是基于一种古典的专业化模式（Classical Professionalisation Model）。目前，关于此类讨论，一种强调“客户”与“专业人员”相互作用的内在逻辑逐渐被学界所认同。基于这样的逻辑，专业化过程中包含两类内容：一种是对科学理论的理解能力，另一种是在具体情境中对具体案例的理解与解释能力。因此，专业化教学行为的基本框架是科学理论分析能力和具体教学案例解释能力的统一。也就是说，专业化行为并不会因技术知识的应用、教条规则的掌握而突显出来，而是由对具体情境中的案例的理解来突显专业性。基于这样的分析，葛洛曼从职业教育教师的教学专业化方面对职业教育教师的专业化内涵进行阐述，他认为，职业教育教学专业化可以描述为：

以支持职业培训、资格认证、社会化、自我认同以及个人发展为目的和导向，证明相应决定和行动合理性的反思性过程。在这个过程中，其专业化行为包含两部分内容：一部分是对科学理论和职业工作理论知识内容的理解，另一部分是在职业教育实践中对具体案例的解释①。其次，国外研究机构和学者基于对职业教育教师专业化内涵的理解，还对职业教育教师专业化的外在促进因素和制约因素进行了分析。如2004年欧洲职业培训发展中心（European Centre for the Development of Vocational Training，简称Cedefop）从8个方面对未来职业教育教师的专业化提出了要求，具体包括组织变革、信息技术发展、新的目标人群、国家法律环境、从教学到学习的转变、国际化、劳动力市场发展、教育学理论范式的转变②。葛洛曼等学者指出制约职业教育教师专业化的重要结构性因素有招募方式、人口因素、教学时间、学生数量、薪资待遇等③。

从国内的研究状况来看，国内学者对“教师专业化”的关注始于20世纪90年代。进入21世纪，其相关主题的研究进一步推进，关于职业教育教师的专业化研究逐渐受到关注。但相对来说，目前已有的研究成果仍较为贫乏，研究时间较短。从现有的文献资料来看，关于职业教育教师专业化的研究主要聚焦于对其内涵的理解和实现策略的研究上。

首先，关于职业教育教师专业化内涵方面的研究，国内学者从职业特点

---

① GROLLMANN P，BAUER W. Technical and vocational education and training research for the professionalisation of vocational teachers[M]//RAUNER F，MACLEAN R. Handbook of technical and vocational education and training research. Dordrecht：Springer Netherlands，2008：385-392.

② CORT P，HÄRKÖNEN A，VOLMARI K，et al. PROFF：professionalisation of VET teachers for the future（vol. 104）[R]. Luxembourg：Office for Official Publications of the European Communities，2004.

③ GROLLMANN P，RAUNER F. TVET teachers：an endangered species or professional innovation agents？[M]//GROLLMANN P，RAUNER F. International perspectives on teachers and lecturers in technical and vocational education. Dordrecht：Springer Netherlands，2007：1-26.

的角度对职业教育教师专业化内涵进行解读的研究较多。如陈永芳等学者指出职业教育教师跨界实践的“双重”特征，具体而言包括作为职业教育教师的教学实践和作为专业技术人员的生产实践，前者实践发生于教学的具体组织与实施过程中，后者发生于生产劳动的具体组织与实施过程中①。米靖认为，职业教育教师作为专业化人士，应当具有教育专家和职业专家两种身份②。郑秀英等学者通过对我国本土化的“双师型”概念的梳理，指出“双师型”是对职业教育教师专业化的探索，体现了职业教育教师的职业特性③。此外，有学者从职业教育教师所应具备的知识和能力方面对职业教育教师专业化内涵进行解读。如朱新生等学者指出，职业教育教师与普通教育教师不同，在知识技术能力结构方面，应更加具有特色和丰富性，如在学科专业方面，应当具备扎实的专业基础和专业知识；在教育方面，要掌握一般的教育理论知识，特别是职业与技术教育理论等④。吴全全认为，职业教育教师专业化的内涵，即职业教育教师“专门化”的具体表现——职业教育教学的能力，不仅应该涵盖普通教育学和教学论知识，还必然涉及职业教育学与职业教学论的知识范畴；不仅应该掌握普适性的关于专业及其学科结构的科学知识，还必须掌握特殊性的关于职业及涉及职业运行的工作过程知识⑤。还有学者指出，职业教育教师专业化的知识基础，要从强调学术性知识过渡到关注实践性知识⑥。综上，从现有的关于职业教育教师专业化内涵方面的研究成果来看，围绕职业教育教师“双师型”的职业特点的探讨较多，关于职业教育教师专业化知识和能力要求的探讨在不断丰富。

① 陈永芳．职业技术教育专业教学论[M]. 北京：清华大学出版社，2007.

② 米靖．论职业教育教师的专业化及其要求[J]. 职教通讯，2010(9)：25-31.

③ 郑秀英，周志刚．“双师型”教师：职教教师专业化的发展目标[J]. 中国职业技术教育，2010 (27)：75-78.

④ 朱新生，施步洲，庄西真，等．职教教师专业化内涵及培养体系构建[J]. 职业技术教育，2011(4)：50-54.

⑤ 吴全全．职业教育“双师型”教师基本问题研究：基于跨界视域的诠释[M]. 北京：清华大学出版社，2011：97.

⑥ 李树林．职教教师专业化发展内涵的嬗变[J]. 职教论坛，2006(23)：24-27.

其次，关于职业教育教师专业化的实现策略方面的研究，国内研究者大多从职业教育教师接受教育和培训的阶段划分来阐述专业化的实现策略或途径。如刘猛对职业教育教师专业化的实现阶段进行了划分，将其划分为“开始教学，寻求适应”“目标明确，胜任教学”“自主发展，形成风格”三个专业化成长阶段，指出为促进职业教育教师专业化成长，需要对教师的职前教育阶段、入职教育阶段和在职教育阶段进行“分段抓”①。陈新文②、吴全全③基于国外职业教育教师专业化实现的特点和经验，提出要重视我国职业教育教师的在职培训，尤其要强调企业职业实践的训练。郑秀英认为，要完善职业教育教师培养培训体系，促进“双师型”教师专业化发展，并指出职业教育教师的职前培养、入职培训、职后提高要走向一体化道路，将教师专业发展推进到终身化阶段④。此外，有一些学者并未拘泥于职业教育教师接受教育或培训阶段的划分，而是从多元的角度来提出促进职业教育教师专业化的有效途径。如钱晓冰从多元主体参与的角度，提出以教师专业自主发展为核心的职校、大学、企业“三元”合作途径⑤。刘光然等基于职业教育教师专业能力和综合素质的角度，提出了职业教育教师专业化发展的支架途径和拓展途径，其中支架途径包括企业培训、校本研修、进修提高，拓展途径包括教师共同体、自我发展、评价与反思⑥。胡业华等学者从制度建设的角度提出“双师型”促进职业教育教师专业化的制度选择，具体包括“双师型”教师资格认定制度、职业教育师范生的培养课程制度、职业教育教师的继续教育制

① 刘猛. 论职业教育教师的成长与发展[J]. 教育与职业,2007(18): 37-38.

② 陈新文. 国外高职教育教师专业化及其启示[J]. 世界职业技术教育,2006(1):4.

③ 吴全全. 关于职教教师专业化问题的思考[J]. 中国职业技术教育,2007(11):30-32.

④ 郑秀英,周志刚.“双师型”教师:职教教师专业化的发展目标[J]. 中国职业技术教育,2010(27): 75-78.

⑤ 钱晓冰. 职教教师专业化途径探索[J]. 河北科技师范学院学报(社会科学版),2009(1):118-120.

⑥ 刘光然,郭桂英,张召霞. 职教师资专业化发展有效途径研究[J]. 电化教育研究,2013(1):109-113.

度、职业教育教师的企业实践制度、职业教育兼职教师聘任和管理制度以及"双师型"的教师管理制度等①。综上，可以发现，现有的关于职业教育教师专业化实现策略方面的成果已经出现多角度研究的趋势，但无论怎样，职业教育教师专业化的实现都离不开对职业教育教师接受教育和培训阶段的探讨。

二、职业教育师资培养的研究

从国外的研究成果来看，出现了大量较为宏观的关于职业教育师资培养历史、模式、体系等方面的研究。如英国学者卢卡斯对英国继续教育学院教师培养的国家专业标准、强制性教学资格以及相应制度规定进行了研究②。英国技能委员会针对英国现有的职业教育教师培训情况，发布了《职业教育教师培训报告》，对英国职业教育教师培养的历史、职业教育初始教师培训、招聘、继续教育等整个职业教育师资培养体系的环节进行了描述③。在美国，学者芬奇对美国职业教育师资培养的历史演变和哲学转向进行了梳理④。俄亥俄州立大学的研究者泽科与其他学者对美国50个州的职业教育教师资格证书认证的传统路径和替代路径的要求和现状进行了研究和对比⑤。在德国，哈希

① 胡业华，卢建平．职教教师专业化视域下的双师型教师培养制度研究[J]．职教论坛，2015(24)：13-16.

② LUCAS N.The FENTO fandango：national standards，compulsory teaching qualifications and the growing regulation of FE college teachers[J]. Journal of further and higher education，2004(1)：35-51.

③ Skills Commission. Teacher training in vocational education[R]. London：Policy Connect，2010.

④ FINCH C R.Vocational teacher education in an era of change：the United States experience[J].Australian journal of teacher education，1998(2)：36-48.

⑤ ZIRKLE C J，MARTIN L，MCCASLIN N L. Study of state certification/licensure requirements for secondary career and technical education teachers[R]. St Paul：National Research Center for Career and Technical Education，2007.

哲①、尼古拉斯②等学者对德国职业教育师资培养的结构、问题与改革，以及未来展望等方面进行了研究。除了从宏观的视角对职业教育师资培养的外在形式和模式进行研究外，国外近年来的研究成果关注基于内在的职业教育教师专业化的师资培养的研究。如美国国家生涯与技术教育研究中心于2013年开展了一项研究，针对职业教育教师的替代性培养路径开发了一个基于教师专业发展的模型③。在德国，随着对职业教育师资培养模式和体系研究的深化，研究学者逐渐对职业教育教师的能力模型展开了关注，职业教育教师为实现专业化，到底应该具备哪些能力，如何在职前教育和职后培养中对这些能力进行发展和诊断，成了研究学界的热点④。

从国内的文献资料来看，国内学者对职业教育师资培养的研究大多从宏观的角度对师资培养模式和体系进行把握。关于职业教育师资培养模式的研究，我国学者对不同培养单位的职业教育师资培养模式进行了总结。如王宪成、孟庆国等学者根据天津职业技术师范大学的职业教育师资培养提出了“双证书一体化”“本科+技师”的职业教育教师的培养模式，具体指的是培养既具备本科学历证书又具备劳动部门颁发的相应技术等级证书⑤，既具有本科

① HASCHER T. Reformen der lehrerbildung. Zwischen allmachtsphantasien und gesellschaftlicher aufgabe [M]//BRUMLIK M, MERTENS H. Bildung-Macht-Gesellschaft. Opladen: Verlag Barbara Budrich, 2007: 129-148.

② NICKOLAUS R, ABELE D G S. Teacher training for vocational schools in Germany: structures, problems, perspectives [EB/OL]. [2015-09-10]. http://www.uni-stuttgart.de/bwt/forschung/projekte/projektgalerie/davinci/2_paper_vocational_teacher_training_de.pdf.

③ BOTTOMS G, EGELSON P, SASS H, et al. Improving the quality of career and technical alternative teacher preparation: an induction model of professional development and support [EB/OL]. [2015-10-01]. http://www.nrccte.org/sites/default/files/publication-files/nrccte_sreb_alternative_certification.pdf.

④ 陈曦萌. 从职前培养回顾百年德国职教师资专业化发展[J]. 职业技术教育, 2015(13): 62-67.

⑤ 王宪成. 实行“双证书”制，培养“一体化”职教师资[J]. 高等工程教育研究, 1998(2): 3-5.

理论水平又具有技师职业能力水平的高等技术应用人才[①]，并分别于1997年和2005获得国家教学成果一等奖。李大寨根据西北农林科技大学的职业教育师资培养实践，将其总结为“三突出、四双制”模式，其中“三突出”指突出实践技能训练、突出教师职业特色、突出创新能力培养，“四双制”指双大纲、双课堂、双证书、双师资。此外，有河北科技师范学院的“三三四”模式、同济大学的“同济模式”、山东理工大学的“324”模式[②]，江苏理工学院的“双能型”一体化培养模式、江西科技师范学院的“厚基础、宽口径、多技能、强应用”的培养模式等[③]，都取得了良好的职业教育师资培养效果。此外，还有学者从应然的理论分析视角，提出了我国职业教育师资培养模式的构建。如李霄鹏提出，以职业科学理论为基础构建我国职业教育师资培养模式[④]。涂三广基于对“双师型”教师内涵的理解，提出要创新职业技术师范大学师资培养模式，以“双导师＋双证书＋双基地”的模式培养“双师型”教师[⑤]。

关于职业教育师资培养体系的研究，有人认为，我国职业教育师资培养形成了较为完整性的人才培养体系。其中，纵向上层次不断提升，形成了“本—硕—博”一体化的培养层次，横向上渠道不断拓展，形成了涵盖全日制、在职攻读硕士学位、联合培养等不同门类的教师培养格局，培养路径也从单一的以独立设置的职业技术师范院校为主到先后拓展了普通高校建立二级学院以及建立职业教育师资培训基地等多种培养主体的多渠道师资培养路径[⑥]。孟庆国认为，建立现代职业教育体系要求完善职业教育教师培养培训体

① 黄银忠，孟庆国，张兴会，等．培养“本科+技师”型高等技术应用人才的探索与实践[J]．天津工程师范学院学报，2006(4)：1-2.

② 李大寨．我国职业教育教师培养培训模式研究[D]．西北农林科技大学，2012：25.

③ 李霄鹏．我国职教师资培养模式建构[J]．职教论坛，2010(1)：56-60.

④ 李霄鹏．我国职教师资培养模式建构[J]．职教论坛，2010(1)：56-60.

⑤ 涂三广．我国职业教育教师队伍建设的三条路径[J]．教师教育研究，2015(2)：99-106.

⑥ 刘晓，沈希．我国职教师资培养：历史、现状与体系构建[J]．河北师范大学学报(教育科学版)，2013(11)：71-76.

系，具体措施包括：加强对职业教育教师培养工作的规划与管理，加大招生与培养制度改革，营造有利于职业教育教师培养的政策环境，加强对职业技术师范院校的投资与改革①。徐国庆认为，我国一直以来的职业教育教师培养体系是以项目化培训为基本形式运作的，缺乏稳定的、制度化的职业教育师资培训体系。为此，他提出职后培养应是我国制度化职业教育培养体系设计的模式选择，且要满足全员覆盖、系统设计、自主规划三个基本要求，同时从建立职业教育教师培养机构网络、开发规范职业教育教师培养内容、改革教师职业资格证书三个方面提出我国职业教育教师培养体系建立过程中应把握好的三个关键环节②。

三、职业教育师资培养比较研究

从现有的关于职业教育师资培养比较的研究成果来看，国外研究起步于20世纪60年代，且研究成果颇为丰富。德国学者葛洛曼总结到，关于职业教育师资培养的比较研究，最早可追溯到两次国际学术会议：一次为1956年由国际劳工组织和经合组织在日内瓦举办的学术会议，另一次为1962年由经合组织在德国高等教育研究所［如今该研究所已改名为“德国国际教育研究所”（Deutsches Institut für Internationale Pädagogische Forschung，简称DIPF）］举办的国际会议。在这两次国际会议上，发布了关于13个工业发达国家的职业教育教师培养信息手册。该手册基于对不同国家职业教育师资的培养路径（一周、四周、三个月甚至长达四年的专项训练）和入职要求（技术工人、技术人员或拥有大学学位）的比较分析，对职业教育师资的培养提出了建议③。

① 孟庆国.职业教育教师培养体系的构建与实践[J].职业技术教育，2013(4)：11-15-54.

② 徐国庆.从项目化到制度化:我国职业教育教师培养体系的设计[J].教育发展研究，2014(5):19-25.

③ GROLLMANN P. Past research and future perspectives in terms of international research on vocational teachers' education and professionalization[EB/OL].[2015-05-10].http://www.cedefop.europa.eu/files/2143-att1-1-Grollmann-Helsinki.doc.

除了对典型发达国家职业教育师资培养的关注，联合国教科文组织则对加勒比海地区、亚太地区、非洲和波兰的职业教育师资培养进行了比较研究①。

除了一些研究机构，有人对欧盟国家和挪威的职业教育师资培养进行了比较研究②。进入21世纪，国外学者关于职业教育师资培养的国际比较研究更为系统和深入。如穆斯等学者对欧洲的职业教育教师的培养进行了比较研究，并从政策发展、职前培养、在职培养、继续教育等方面构建了比较分析框架③。2007年德国学者葛洛曼和劳耐尔出版的编著《国际视野下的职业教育师资培养》④堪称职业教育师资培养比较研究领域中的代表性作品，该著作对英国、美国、德国、巴西、中国等11个国家的职业教育教师培养和发展情况进行了研究，并对不同国家的职业教育师资培养模式进行了划分⑤。除了这些对各国职业教育师资培养的宏观体制进行比较研究外，研究学者的研究视角不断深入和“精细化”，如阿维斯等学者撰文对苏格兰和英格兰的职业教育师资培养的政策和实践进行了比较，尤其对两个地区两所大学进行了案例研究，考察了职业教育教师教育工作者的实际经历，系统比较了职业教育教师

① UNESCO. Training of teachers/trainers in technical and vocational education[R]. Paris:UNESCO,1997.

② TARROU A L H. In-service technical and vocational teacher training in Europe:a comparative study of all sorts of extended training and further education following on the top of initial teacher education activities[R].Bruxelles:ATEE,1993.

③ MOOS L,CORT P,SORENSEN M,et al.Training of VET teachers and trainers in Europe:a comparative perspective. Frimodt[R]. The Netherlands:the Danish University of Education and Rasmus Frimodt. The Danish Institute for Educational Training of Vocational Teachers,2006.

④ 目前该著作已有中译本，详见：葛洛曼 F，劳耐尔 F. 国际视野下的职业教育师资培养[M]. 石伟平，译. 北京：外语教学与研究出版社，2011.(*International Perspectives on Teachers and Lecturers in Technical and Vocational Education*)

⑤ GROLLMANN P,RAUNER F. International perspectives on teachers and lecturers in technical and vocational education[M]. Dordrecht:Springer Netherlands,2007.

培养课程结构、知识与教学法、自主权和自制、专业实践等方面的异同[①]。

相对于国外学者，国内学者关于职业教育师资培养的比较研究则更多地聚焦于发达国家职业教育师资培养的国别研究，以期寻找对我国职业教育师资培养改革有益的借鉴。有人对英国职业教育教师教育与培训体系进行研究，归纳出英国富有特色的“三段融合”与“三方参与”的培养模式[②]。有人对英国职业教育教师的职前培养、教师入职培训和教师在职进修三个阶段进行了分析，总结了其“合作式”的师范教育体制[③]。关于美国职业教育师资培养的研究，徐国庆以俄亥俄州为例，对美国职业教育教师培养模式进行了研究，并将其总结为“双元制”培养模式，该模式面向在职教师，教师一边去大学接受教育，一边在职进行教学实践，两者同时进行、相互协调与促进，这种模式是美国职业教师培养的主要途径[④]。同时，他对美国职业教育教师职业资格证书制度进行了研究，分别对资格认证的传统路径和替代路径的程序、要求和特点进行了陈述[⑤]。另外，他以俄亥俄州为例，对美国职业教育教师培训的内容进行了研究[⑥]。和震等对美国职业教育教师专业标准进行了研究，以美国国家专业教学标准委员会制定的职业教育教师专业标准为例，对其内容结

① AVIS J, MORGAN-KLEIN B, CANNING R, et al.Teacher education for vocational education and training: a comparative study of the Scottish and English systems set within a European context[J].Scottish educational review, 2012(2): 14-23.

② 宋洪霞. 英国职教教师教育与培训体系的特点及启示[J]. 职教通讯, 2006(11): 33-35.

③ 李黎. 英国职教教师的培训与专业发展[J]. 吉林省教育学院学报, 2011(5): 47-49.

④ 徐国庆. 美国双元制职业教师培养模式研究：以俄亥俄州为例[J]. 全球教育展望, 2011(8): 87-91.

⑤ 徐国庆. 美国职业教育教师职业资格证书制度研究：以俄亥俄州为例[J]. 外国教育研究, 2011(1): 90-96.

⑥ 徐国庆. 美国职业教育教师培训内容研究：以俄亥俄州为例[J]. 外国教育研究, 2012(6): 121-126.

构及制定和评审程序进行了研究[①]。关于德国职业教育师资培养的研究，国内学者的研究相对较多。宏观上，徐朔对德国职业教育教师培养的历史演变、主要模式与特点以及相关的培养内容进行了分析[②]。李小丹对德国职业学校教师资格制度进行了研究，并对德国职业学校教师资格的国家考试体系进行了详细分析[③]。管辉、陈曦萌等基于职业教育师资的专业化发展，对德国百年来的职业教育师资培养历程进行了梳理，并划分了不同的历史阶段[④]。中微观上，有学者对职业教育教师的专业标准内容进行了研究。如谢莉花指出，德国的职业学校教师教育标准体系涉及教育科学和专业科学两个视角下的教育要求，对职业学校教师在教育、专业和专业教学方面的能力要求进行了较为全面的概述[⑤]。还有众多学者对职业教育师资培养的课程设置进行了研究。如师慧丽以德国科隆大学经济教育专业为例，指出德国职业教育教师教育按专业大类设置专业，并采用五年本硕一贯制的培养模式，遵从职业教育教师专业教学能力形成的逻辑构建“一主线、三层次、六模块”的金字塔式课程结构，将企业、教学实践实习课程，贯穿于职业教育教师大学教育的始终[⑥]。谢莉花以弗伦斯堡大学职业教育学院的师资培养课程设置为例，指出其课程体系真正体现了学术性、师范性和职业性的融合，促进了职业教育师范生专业、

① 和震，郭赫男．职业教育教师专业标准：美国经验与启示[J]．天津大学学报（社会科学版），2013(3)：241-246.

② 徐朔．德国职业教育教师培养的历史和现状[J]．外国教育研究，2004(5)：56-59.

③ 李小丹．德国职业学校教师资格制度研究[D]．天津：天津大学，2009.

④ 管辉，谢登斌．德国职业学校教师专业化发展的历史演进[J]．职教论坛，2015(1)：92-96．陈曦萌．从职前培养回顾百年德国职教师资专业化发展[J]．职业技术教育，2015(13)：62-67.

⑤ 谢莉花．专业科学视角下的德国职业学校教师教育标准[J]．世界教育信息，2015(8)：34-37.

⑥ 师慧丽．德国职教教师教育专业课程设置的特征及启示：以科隆大学经济教育专业为例[J]．比较教育研究，2014(12)：74-78.

专业教学和教育方面能力的提高①。

关于职业教育师资培养的国际比较研究，国内的深入研究则相对较少，大多从宏观体制上对职业教育师资的培养进行比较分析。如陈祝林等学者对德国、美国、英国、澳大利亚、亚洲、欧盟等国家和地区的中职和高职职业教育师资培养和师资队伍建设进行了国际比较②，贺文瑾则对部分发达国家职业教育师资培训的特点进行了分析，认为发达国家在设置职业教育教师教育机构、建立职业教育师资学位证书体系、规范职业教育教师继续教育、强调职业教育教师教育教学素养和重视职业教育教师实践经验的获得等方面具备先进经验③。徐英俊对发达国家职业教育师资职前培养与职后培训的主要特点进行研究，认为国外职业教育发达国家构建了较为完善的职业教育师资职前培养与职后培训体系，形成了职前培养与职后培训的一体化，做到了职前培养高质量，职后培训高水平④。王昊对德、美、澳职业教育师资职前培养模式进行了研究，对不同国家的入学资格、培养体系、职业资格证书的获得等进行了比较分析⑤。

四、研究评价与反思

通过上面对国内外相关文献的归纳和整理，可以发现现有研究文献存在一些共识：一是职业教育教师是专业人员，职业教育的发展要求职业教育教师走专业化发展道路；二是促进职业教育教师的专业化要关注职业教育师资

① 谢莉花.德国职业教育师资培养的三性融合课程及启示[J].外国教育研究，2014（5）：24-32.

② 陈祝林，徐朔，王建初.职教师资培养的国际比较[M].上海：同济大学出版社，2004.

③ 贺文瑾.部分发达国家职教师资培训的特点[J].中国职业技术教育，2006（23）：54-55.

④ 徐英俊.发达国家职教师资职前培养与职后培训的主要特点[J].职教论坛，2010（9）：89-91.

⑤ 王昊.德、美、澳职教师资职前培养模式比较研究[J].中国职业技术教育，2012（12）：80-83.

培养（职前培养、职后发展）的研究，而从国际的视野去比较分析各个国家的做法和经验，是职业教育师资培养研究领域的一大趋势。

然而，从现有的研究成果来看，存在一些不足。首先，关于职业教育教师专业化的研究，大多从其职业特点出发进行内涵解读，从既掌握师范技能又精通专业技术的“双师型”教师职业身份上进行把握。所幸的是，部分学者开始关注到职业教育教师专业化的知识结构，但就其专业化过程中知识内容的生成和转化仍然未能深入讨论。其次，关于职业教育教师培养的研究，国外的研究开始出现了从关注职业教育师资培养的外在形式到师资培养的内在实质的转变，即基于教师自身的专业发展去探讨职业教育师资的培养。国内文献大多仍从宏观的培养模式和培养体制上进行关注，从外部组织形态上进行分析，对职业教育师资培养内核的讨论有待深入。最后，关于职业教育师资培养的比较研究，国内学者关注对不同国家职业教育教师培养外在形态的简单呈现，或对不同国家职业教育师资培养的异同点进行罗列，而对其背后深层次的职业教育师资培养的一般规律的探讨则较为有限。

综上，基于对现有的国内外主要研究成果的呈现与分析，可为本研究提供可能存在的发展空间。一是研究视角上，可试图从微观的知识论的视角探讨职业教育教师专业化，并对其专业化过程中的知识内容成分进行研究，以期把握职业教育教师专业化的核心。二是研究内容上，可试图从职业教育师资培养的体系中挖掘有形的、具有可比性的基本要素，以期对外在制度形态进行更精准的把握；同时，还可将职业教育师资培养的外在形态和职业教育教师自身内在实质专业化相联系，以对职业教育教师的培养进行更系统的分析。三是研究方法上，可采用历史研究法、比较研究法等多种研究方法相结合的方式，以期在职业教育师资培养异同比较的基础上，挖掘背后更深层次的原因与职业教育师资培养的一般规律和经验。

第三节　核心概念界定

一、职业教育

关于“职业教育”，有不同的术语：联合国教科文组织自20世纪70年代以来称之为“技术与职业教育”，国际劳工组织称之为“职业教育与培训”，世界银行和亚洲开发银行自20世纪80年代中期以来称之为“技术和职业教育与培训”（Technical and Vocational Education and Training，简称“TVET”）①。

不同的国家，使用的“职业教育”的称谓并不一致。

在英国，“职业教育”通常被包含在“继续教育”（Further Education）里进行讨论。[有时候也称之为“教育与培训部门”（Education and Training Sector），指的是学前教育（Nursery，3~4岁）、小学教育（Primary Schooling，5~11岁，属于义务教育）、中等教育（Secondary Schooling，11~16岁，属于义务教育）、高等教育（Higher Education，18岁以上）以外的部门。] 本研究中的英国职业教育，主要指的是英国继续教育中的职业教育。

在美国，“职业教育”自20世纪末以来逐渐被“生涯与技术教育”（Career and Technical Education）代替②。本研究中的美国职业教育，关注美国中等教育层次的职业教育。

在德国，“职业教育”包括职前教育、初始职业教育、继续教育和转岗教育。本研究中的“德国职业教育”，关注德国的初始职业教育，即双元制职业教育中的职业学校教育。

① 徐国庆. 职业教育原理[M]. 上海：上海教育出版社，2007：24.

② 葛道凯. 美国生涯与技术教育调研报告[J]. 中国职业技术教育，2016(1)：23-39.

在我国，《中华人民共和国职业教育法》颁布后，“职业教育”的名称得到统一。广义的职业教育，包括普通教育中的职业入门教育、准备从事各项职业的职业准备教育和职后进一步提高的职业继续教育①。狭义的职业教育，通常指的是后两种教育。本研究中，对于我国的职业教育，重点关注中等职业学校教育。

二、职业教育教师

职业教育教师指的是从事职业教育教学活动的人。

在不同国家，职业教育教师有不同的概念界定和工作领域。

在英国［除特别说明外，本书中“英国”专门指英国英格兰地区（England）］，“职业教育教师”，被称为“终身学习部门的教师、指导师或培训师”（Teachers，Tutors or Trainers in the Lifelong Learning Sector），或“继续教育与技能部门的教师”（Teachers in the Further Education and Skills Sector），或“义务后教育部门的教师”（Teachers in Post-compulsory Education Sector），等等。在英国，继续教育与培训部门的机构类型主要有第六级学院（Six Form Colleges）、继续教育学院（Further Education Colleges）、地方成人教育机构（Local Authority Adult Education Institutes）、志愿或营利性成人教育机构（Voluntary or Commercial Adult Education Providers）、独立培训机构（Independent Training Providers）等。本研究中，英国职业教育教师主要指在继续教育与培训部门机构中教授职业教育课程的教师。

在美国，“职业教育教师”指“生涯与技术教育教师”（Career and Technical Education Teacher）。他们在中等或中等后教育层次教学，包括在初中（Middle School）、高中（High School）、社区学院（Community College）或地区生涯与技术学校（Regional Career and Technical Schools）。本研究中，美国职业教育教师主要指美国中等教育层次的职业教育教师。

在德国，职业教育教师的工作领域有三大类：公立学校系统中的各个职

① 顾明远.教育大辞典[M].上海:上海教育出版社,1991:227.

业学校，“双元制”体系下的企业内职前培训，未规范管理的继续教育和培训领域。根据1973年实施的德国《高等教育、职业教育专业培训及考试细则》，将从事职业教育工作的师资分为两大类，即职业学校教师和企业培训师，职业学校教师分为理论课教师和专业实践课教师。本研究中，德国职业教育教师主要指作为公共教育系统附属机构的职业学校的理论课教师。

需要指出的是，本研究中，我国职业教育教师指中等教育层次的职业教育教师，即中等职业学校中的职业教育教师。

三、师资培养

“师资培养”，又被称为“师范教育”“教师培养”“教师教育”等。20世纪30年代以来，随着教育程度的普及和教师地位的提高，各国的教师培养出现了职前培养和在职进修并举的情况，因此，国际上逐渐用“教师教育”替代了“师范教育”①。本研究中，对其概念的不同使用不做区分。

关于此类概念的界定，顾明远在1990年主编的《教育大辞典》中将师范教育界定为“培养师资的专业教育，包括职前培养、初任考核试用和在职培训”。2002年，我国《教育部关于“十五”期间教师教育改革与发展的意见》明确指出，按照教师专业发展的不同阶段，教师教育是对教师的职前培养、入职教育和在职培训的统称。本研究中，“师资培养”限定为初始教师教育(Initial Teacher Education) 阶段。

① 黄崴.教师教育体制:国际比较研究[M].广州:广东高等教育出版社,2003:8.

第四节　研究内容、方法与创新

一、研究内容

本书首先提出职业教育专业教学知识（VPCK）这一新的理论工具，并确定职业教育师资培养的分析框架，然后分别对国外职业教育师资培养历史上起步较早、成效显著、特色鲜明、影响较大的三个国家——英国、美国、德国做国别研究，对职业教育师资培养的基本经验与规律进行总结，最后提出我国职业教育师资培养的改进策略，试图构建我国职业教育师资培养的理想模型。

二、研究方法

（一）文献研究法

文献研究法是指搜集、鉴别、整理文献，并通过对文献的研究形成对事实的科学认识，从而了解事实、探索教育现象的研究方法①。

本研究中的职业教育师资培养文献从三个路径展开：一是理论文献的梳理，二是历史档案及文献的整理，三是对目前的职业教育师资培养材料进行整理。

（二）历史研究法

历史研究法是借助于对相关社会历史过程的史料进行分析、破译和整理，以认识研究对象的过去，研究现在和预测未来的一种研究方法②。

① 陶保平，黄河清．教育调查[M]．上海：华东师范大学出版社，2005：239-240.

② 裴娣娜．教育研究方法导论[M]．合肥：安徽教育出版社，2008：136.

本研究中的职业教育师资培养历史研究，是通过搜集各国职业教育师资培养的发生和演变的历史事实，加以系统客观的分析研究，从而揭示职业教育师资培养发展的规律。

（三）比较研究法

比较研究是确定对象间异同的一种逻辑思维方法，也是一种具体的研究方法。教育科学的比较研究是对某类教育现象在不同时期、不同地点、不同情况下的不同表现进行比较分析，以揭示教育的普遍规律及其特殊表现，从而得出符合客观实际的结论①。

本研究中的职业教育师资培养比较研究，则是通过对国外职业教育师资培养的现状进行比较分析，揭示职业教育师资培养专业化的规律。

三、研究创新

第一，理论创新。一方面，本研究将师资培养或教师教育专业化分为外在的形式专业化和内在的实质专业化两个维度。在本研究中，形式专业化主要关注职业教育师资培养体系的制度结构，实质专业化则关注职业教育教师自身的专业发展。另一方面，本研究将普通教育教师研究领域的PCK（学科教学知识）相关理论应用于职业教育教师专业发展领域，并对其进行再概念化为VPCK（职业教育专业教学知识），以作为考察职业教育师资培养内在实质专业化的理论工具。

第二，方法创新。本研究运用比较研究法对职业教育师资培养进行比较分析，构建了本研究的比较分析框架和分析模型。一方面，为方便本研究的横向比较，本研究基于外在形式专业化和内在实质专业化两个维度，依据结构功能主义范式，构建了职业教育师资培养的比较分析框架。另一方面，在比较分析框架的基础上，为本研究构建了一个高度抽象的职业教育师资培养分析模型，以保证各国职业教育师资培养的讨论上升到系统层面，且保证每个国家的结论使用同一个话语平台。

① 裴娣娜．教育研究方法导论[M]．合肥：安徽教育出版社，2008：223．

第二章
职教师资培养分析框架

从目前已有的职教师资培养的研究成果来看，大多从宏观的、外在的师资培养体制去进行分析，较少深入研究职教师资培养的内核。本章通过分析职教师资培养的必然取向——专业化，从知识论的视角提出：职教师资培养专业化的内在核心是发展职业教育专业教学知识，并借鉴比较教育研究模型和结构功能主义范式，构建本研究的分析框架。

第一节 职教师资培养的必然取向——专业化

教师专业化是近年来世界各国教育改革关注的热点之一。教师专业化，已有一百多年的历史。在其发展过程中，教师专业化的概念逐渐从社会学意义过渡到教育学意义，其中心议题从关注教师外在的社会地位的提升转向关注教师内在的专业发展。这种转变的意义重大，使得教师教育或师资培养从职业定向型转向专业化的师资培养。毋庸置疑，职教教师在这一历史过程中毫无例外，职教教师专业化逐渐从职教教师职业的专业化过渡到职教教师本身的专业发展，这种转变势必要求职教师资培养走向专业化。由于职教教师与普通教育教师的专业发展内涵不同，两者的社会地位也不同，使得这种职教师资培养的专业化显得迫切。

一、专业、专业化与教师专业化

"专业"（Profession）一词，最早是从拉丁语演化而来的，其代表的文化内涵在不断变化。在早期，"专业"偏向社会学概念。法国社会学家涂尔干1893年在《社会分工论》中专门讨论了社会分工与职业问题。针对"专业"概念的不同理解，社会学家弗雷德逊总结了两种看法：第一种看法，专业是一个较宽泛且具有一定威信的职业群体，该群体成员都接受过某种形式的高等教育，成员身份的确定主要根据学历而不是他们专有的职业技能；第二种看法，专业是一个有限的职业群落，这一群落中个体都有特定的、或多或少类同的制度和意识形态属性。只有这第二种理解，才允许将"专业主义"

(Professionalism) 作为一个职业发展的模式[①]。对于成熟专业究竟具备哪些相似的而有普遍意义的“专业特质”，研究者给出了不同的说法。如学者特纳和霍奇认为，判断一个职业是否为专业，需要关注四个方面的问题：①指导其实践的理论和技术水准；②对其活动的垄断程度；③社会对其承认的程度；④其组织化程度[②]。也有学者在总结了不同研究者提出的专业属性后，进一步提炼出了判断成熟专业的六条标准：①一个正式的全日制职业；②专业组织和伦理法规；③知识和教育；④服务和社会利益定向；⑤社区的支持和认可；⑥自治[③]。专业标准确定后，人们根据专业标准将专业从众多普通职业中区分开来，把不同职业从高到低进行排序。专业不仅涵盖了统一的专业人员的身份，还包含了排他性的市场保护。

“专业化”指非专业或者不成熟的职业群体向成熟专业发展、转变的过程。对于任何一个新兴的职业而言，总是希望通过模仿较为成熟的、被社会认可的专业所具备的特质，从而使得该职业成为专业群体中的一员，并获得相应的社会地位。从社会学视角来看，专业化成了一个职业群体自下向上流动的主要手段。最早的专业，如医生、律师、教师和神父，可追溯到中世纪的欧洲，然而直到18、19世纪，经过漫长的专业化过程，才开始体现出专业的内涵，如今，医生、律师等职业在多数国家中被视为“成熟专业”的典型代表，体现出相应的专业特质。

“教师专业化”是职业专业化的一种，是教师这门职业由不专业向专业发展的过程。《国际教学与教师教育百科全书》对教师专业化有专门的论述：“教师专业化是职业专业化的一种类型，是指教师‘个人成为教学专业的成员

① FREIDSON E. Professional powers: the study of institutionalization of formal knowledge [M]. Chicago: University of Chicago Press.1986.

② 操太圣，卢乃桂. 伙伴协作与教师赋权：教师专业发展新视角[M]. 北京：教育科学出版社，2007:22.

③ 赵康. 专业、专业属性及判断成熟专业的六条标准：一个社会学角度的分析[J]. 社会学研究，2000(5):30-39.

并且在教学中具有越来越成熟的作用这样一个转变过程’”[①]。历史上，教师专业化有一百多年的历史，和专业主义关系密切。从中世纪的大学出现医学教育和法学教育模式开始，专业主义就和大学有天然的联系。医生和律师必须经过严格的训练才能获得的知识系统，使得他们的职业在社会上享有极高的声誉。到了19世纪中后期，随着研究生教育的发展，美国大学内部陆续建立了与特定职业相关联的专业学院。随着专业教育的发展，教师培养机构逐渐从师范学校发展成为教师学院，继而成为大学中的专业学院，可谓是教师在逐渐寻求专业地位的过程[②]。“二战”后，为了提高教师质量，教师专业化运动逐渐兴盛起来，“教学工作是否是一门专门职业”“教师是否是专业人员”等问题，成了讨论的热点。1966年，联合国教科文组织在巴黎会议上发表《关于教师地位的建议》，明确指出：教育工作应被视为一种专业，这种专业要求教师经过严格且持续不断地研究，才能获得并维持专业知识和专门技能，从而提供公共服务。可以说，这是第一次国际教育学者和行政人士对各国教师地位给予的专业认可[③]。1993年，我国颁布的《中华人民共和国教师法》对“教师”的概念做出清晰的界定：教师是履行教育教学职责的专业人员，承担教书育人，培养社会主义事业建设者和接班人、提高民族素质的使命。这是我国第一次以法律文本的形式界定了教师职业是一种专业化职业。

二、教师专业化的中心议题是教师专业发展

如上文所述，教师专业化运动已有上百年的历史，但遗憾的是，教师在追求其职业专业化的过程中，并没有获得与医生和律师一样的专业地位，至今仍只被看做是“成熟专业”和缺乏技术含量的普通体力劳动者之间的职业形态，被贴上“半专业”或“准专业”的标签。到底是什么阻碍了教师专业

① DUNKIN M J.The international encyclopedia of teaching and teacher education [M]. Oxford:Pergamon Press.1987.

② 荀渊，唐玉光.教师专业发展制度[M].北京：教育科学出版社，2011:2.

③ 操太圣，卢乃桂.伙伴协作与教师赋权：教师专业发展新视角[M].北京：教育科学出版社，2007:20.

化前进的步伐呢？根据上述“专业特质”的分析，凡专业化程度越高的职业，其社会声望、经济地位和政治权利越高。因此，作为“准专业”的教师职业，其所关注的必定是对照成熟专业的特征，并设法让自己拥有上述各项指标，从而实现自身专业化的目标。这种逻辑突显了特质模式专业化的本质特征，即将专业的组织形态特征作为研究和关注的焦点，而对不同职业在其工作实践中的具体表现忽略不计[①]。之所以如此，是因为教师专业化的运动肇始于以医学教育和法学教育模式为代表的专业教育，人们更容易倾向于从医生和律师等这些已被认可的专业的组织形态中总结出成熟专业应具备的基本特征，为教师等后来者这些不成熟的却期待专业化的职业提供仿效的路径。然而，从专业社会学角度来看，教师专业化追求的其实是一种 “外在的特质”，是对专业形式的过度关注，实际上缺乏对本职业内容的细致推敲和精致构建[②]。因此，任何对照医生、律师等已获得专业认可的标准来进行的教学行动改革，都无助于教师专业化目的的实现。

那么，教师专业化发展，该如何寻找一条可行的发展道路呢？事实上，教师或教学更属于一种技艺型专业，与医生、律师等职业相比，具有无特定的知识基础、工作高度不确定性等特征。因此，教师专业化应该关注技艺意识的养成，而不是不加选择地照搬医生、律师等专家型专业模式。从“二战”后逐渐兴盛起来的教师专业化运动来看，作为专业化运动的一个转向，教师专业化研究开始注重将外部的评价标准同教师内在的专业伦理、知识与能力整合到教师培养和培训的过程中[③]。研究者逐渐意识到，由于教师专业本身具有的特点，使得从社会学角度讨论教师专业化逐渐失势，人们开始更多地从教育学的角度探讨教师教学水平的提高、专业知识和技能的发展等问题。为了与社会学意义上的专业化研究取向相区分，教育研究者特别把这种强调教

---

① 操太圣，卢乃桂．伙伴协作与教师赋权：教师专业发展新视角[M]．北京：教育科学出版社，2007:22.

② 操太圣，卢乃桂．论教学专业化的理论挑战与现实困境[J]．教育研究，2005(9):36-41.

③ 荀渊，唐玉光．教师专业发展制度[M]．北京：教育科学出版社，2011:2.

师个体内在专业特性的提升，关注教师个体的专业知识、专业技能、专业情意、专业自主、专业价值观、专业发展意识等方面由低到高、逐渐符合教师专业人员标准的过程称为“教师专业发展”①。

可见，社会学意义上的教师专业化，关注其与成熟专业相比的社会地位的等同，实际上关注的就是这种教师专业化的群体的外在维度，而教育学意义上的教师专业化将关注的视角重新放在教学上，探寻教师内在的专业性的提升。因此，仅仅从静态的角度诠释职业专业化的“教师专业化”是不够的，而从动态的角度来看，教师专业化应是教师通过严格、专业、系统地训练和自身主动学习，逐渐成为一名专业人员的过程。这个过程不仅需要教师本身的努力，更需要良好的外部环境来促成教师专业的发展，如专业的职前教育、在职培训的条件和机会等②。显然，在这种分析框架下，教师专业化的中心议题将从原来的关注教师社会地位提升转向关注教师的专业发展，即如何提升教师内在专业性才应是教育学意义上教师专业化的中心议题。本研究中，“教师专业发展”专门指代教育学意义上的教师专业化。

三、职教教师专业发展要求职教师资培养专业化

随着教师专业化议题的转向，20世纪60年代以来，教师专业发展成了世界各国教育改革的主题与潮流，职教教师专业发展也逐渐进入人们的视野。毫无疑问，职教教师是教师队伍中的一部分，因此，讨论职教教师专业发展问题离不开教师专业发展的普遍性认识，但同时必须认识到，职教教师不仅应具备教师职业所有的基本特征，还有其独特的内涵和区别于其他类型教育教师的职业特点③。回溯职教师资培养的历史，会发现促进其专业化的主要历史性因素是工业化经济背景下技术型劳动力的匮乏和社会秩序不断演变中对社会融合的需求。职教教师对于促进劳动力职业技能的提高发挥着重要作用，“职业性”是职教与普通教育的根本区别，因此，要对职教教师专业发展的内

① 宋广文，魏淑华．论教师专业发展[J]．教育研究，2005(7)：71-74.

② 郑秀英．职业教育教师专业化问题研究[D]．天津：天津大学，2010：12.

③ 郑秀英．职业教育教师专业化问题研究[D]．天津：天津大学，2010：18.

涵做出说明，即具体表现——职业教育教学的能力，应从职业性的需求出发去思考教育性的结果。这对职教教师而言，所涉及的知识领域，既要包括普通教育学和教学论知识，又要包括职业教育学和职业教学论知识；既要掌握普适性的专业及学科结构的科学知识，又要掌握特殊性的关于职业及涉及职业运行的工作过程知识①。这就是国内众多学者将“职教教师”这门职业界定为既掌握师范技能又精通专业技术的“双师型”教师的原因。可见，职教教师专业发展的内涵不同于普通教师专业发展的内涵，这就要求职教师资的培养必然走向不同于普通教育师资培养的专业化②的道路。

从历史上来看，师资培养专业化是随着师范教育的出现而发展起来的。美国1839年兴办了第一所师范学校，英国1840年开始兴办师范学校，德国在19世纪初期开始举办教师教育。这说明，从19世纪开始，有组织的师范教育不断得到发展，经过一百多年的建设，各国教师教育已经高度组织化③。过去，由于世界各国把教师看成是一种职业，对教师的培养也仅仅着眼于对学生所教学科知识的传授，因此这种传统的教师教育被称为教师职业定向教育。它是一种规定性的教育，学生只要进入师范学校，就被规定为教师，有足够的学科专业知识即可。而随着教师专业化议题的转向，教师教育发生变化。20世纪50年代以来，各国为提高教师的素质，逐步提高了对教师教育的要求，如纷纷建立了严格的教师资格和教师教育认定标准等。因此，现在的教师要求接受严格的专业训练，要求掌握系统的普通文化知识、学科专业知识、教育学科知识、教育教学方法等，教师教育走上了专业化的道路④。在这个过程中，教师专业化和教师教育专业化（或者师资培养的专业化）有错综复杂的关系：一方面，教师专业化从社会学意义到教育学意义的转变使得人们对

① 吴全全.职业教育“双师型”教师基本问题研究：基于跨界视域的诠释[M].北京：清华大学出版社，2011:97.

② 此处的“专业化”不同于前面所述的“非专业或者不成熟的职业群体向成熟专业发展、转变的过程”，而是特指“区别于其他的、专业的、专门的、系统的”等意思。

③ 黄崴.教师教育体制：国际比较研究[M].广州：广东高等教育出版社，2003:72.

④ 黄崴.教师教育体制：国际比较研究[M].广州：广东高等教育出版社，2003:74.

教师的关注点从教学以外转到教学工作本身，这使得教师专业化的中心议题从关注教师社会地位的提升转到了教师专业发展；另一方面，与过去将教师专业化视为教师职业专业化的过程相适应，传统的教师教育以职业定向型的教育形态存在，而随着教师专业发展的议题进入人们的视野，为提升教师内在专业性，教师教育或师资培养逐渐走向专业化。

基于上述分析，教师专业发展要求教师教育的专业化，职教教师也不例外，职教教师的专业发展要求职教师资培养的专业化。但正如前面所述，职教教师专业发展的内涵与普通教师专业发展的内涵有所不同，且职教教师的地位与普通教师尚有差距，这使得职教教师教育专业化尤为迫切。职教教师教育应该以职教教师专业发展特点与规律为依据，组织相应的课程内容，采取特定的培养方式，进行针对性的培养，这是其他教育类型所不能替代的[①]。

第二节　职教师资培养专业化的知识观照

随着世界范围内各国教师教育的改革，师资培养在外在形式上逐步走向“专业化”的道路。然而，若不对教师内在的专业发展内涵进行把握，教师教育的改革无疑会犯“重形式轻实质”的错误。为把握师资培养专业化的内在实质，本节从知识论的视角进行探讨，提出师资培养的专业化首先要关注教师的实践知识。而20世纪80年代舒尔曼提出的PCK指向了最直接的实践教学，可谓是教师实践知识中的核心部分，为师资培养的专业化提供了新的视角。为此，本节将PCK理论应用于职教师资培养领域，并将其再概念化为VPCK，以为本研究提供一种理论工具。

① 贺文瑾.职教教师教育的反思与建构[D].上海:华东师范大学,2007:36.

一、师资培养专业化要关注教师实践知识

教师专业发展与教师教育或师资培养的专业化是一脉相承的关系，教师专业发展要求师资培养的专业化，同时师资培养的专业化是为了教师专业发展的实现。随着人们对教师专业发展认识的深入，教师教育专业化改革日益高涨。如各国的大学把教师教育作为一种专业来办，按照专业的基本要求设置培养目标，开设有关课程；各国的大多数大学都设有教育学院和教育研究生院，这些学院和研究生院与大学的其他学院具有同等的地位；各国不少大学都授予教育学士、硕士和博士学位，这些学位与其他的专业学位如法学、医学学位是一样的①。除了有形的机构设置以外，教师教育专业化还包括无形的制度设计，如制订教师资格认证标准、建立教师资格认证考试制度等。②

职教教师教育的专业化也不例外，如创办或开设专门的职教师资培养院校或院系，授予相关职教师资方向的学位，建立职教教师资格制度等。很显然，这种教师教育的专业化所带来的是教师专业教育与学科教育的逐渐分离，与此同时是教师教育的普通化，即不分学习者年龄阶层和学科领域的普通教育理论和教育原则③。然而，这种分离化、普通化的体现是多方面的，不仅体现在教学机构、运行机制与教学安排上，还体现在课程内容上，使得按照教育思维组织的教育科学课程和学科课程没有很好联系起来。如美国20世纪以来教师教育改革体现了这种分离化的特点，学生的学科知识在文理基础学院里获得，教育专业知识则在教育学院里获得。与这种分离化、普通化的教师教育模式相适应，教师资格认定、证书考试、教师评价及教师教育研究等领域也呈现出并行两条路线④。

① 黄崴.教师教育体制:国际比较研究[M].广州:广东高等教育出版社,2003:74-75.

② 许凤琴.教师教育与教师专业化[J].高等师范教育研究,2003(3):7-11.

③ 胡青,刘小强.分离还是融合:教师教育专业化中形式与实质的矛盾:兼谈学科教学知识(PCK)与当前我国的教师教育改革[J].江西社会科学,2005(11):188-192.

④ 胡青,刘小强.分离还是融合:教师教育专业化中形式与实质的矛盾:兼谈学科教学知识(PCK)与当前我国的教师教育改革[J].江西社会科学,2005(11):188-192.

与此同时，为了进一步推动教师教育专业化的发展，近年来各国不断出台了各种关于教师教育的宏观政策。如我国20世纪90年代以来强调教师教育职前职后一体化，鼓励综合性大学兴办师资培养，实现师资培养体制的多元化发展等，甚至政府为了培养教师储备人才，让未接受过教师教育的学生在通过几门教育学课程考试及试讲之后就颁发其相应的教师资格证书①。这些教师教育的宏观政策对职教师资的培养影响深远，职教师资培养在形式上不可避免地加入了这场所谓“专业化”的改革中。然而，这种教师教育的改革只是局限在外在形式上的专业化，如机构的设置、宏观上的体制改革等，对于教师内在的知识基础、专业能力等内涵较少关注。

既然教师教育或师资培养的专业化要从教师专业发展的内涵上把握，那么什么才是教师专业发展的内涵，或者说教师专业发展的基础是什么呢？可以说，教师专业发展的基础有很多，包括思想基础、素质基础、知识基础、能力基础、情意基础等。但知识基础是立足之根本，这是因为教师的知识和认知影响到教师教育教学的各方面，教师知识的深化才是促成教师自身学习和发展的主要途径。

通过上述分析，可以基本确立教师专业发展的知识基础在教师教育专业化中的核心地位。那么，什么样的知识才能构成教师专业发展的知识基础呢？专业知识是指某职业群体拥有能充分反映其职业实践活动内涵和规律的知识和技能。对此，人们相信，只要教师具备了足够的教学理论知识，就能表现出适切而有效的教学行为，因此把不断进修教学理论作为教师成长的必备条件。然而，仅仅让教师学习各种教育理论，还不能保证其高效的教学行为，因为“教师学了教育学、心理学，可还是不会教书”。这是因为按照特质理论进行比较分析，容易忽略教师与医生、律师等职业不同的特征，因此也就忽略了教学专业的知识基础显然不同于医学等传统专业的事实②。

① 操太圣，卢乃桂.论教学专业化的理论挑战与现实困境[J].教育研究，2005(9)：36-41.

② 操太圣，卢乃桂.伙伴协作与教师赋权：教师专业发展新视角[M].北京：教育科学出版社，2007：24-25.

显然，虽然学术界已经概括出了一系列教育理论和教学原则，但还是不能完全有效地指导纷繁复杂的教学活动，教学活动必须要有教师实践性知识的支持[①]。教师实践性知识包括教师在教育教学实践中实际使用和（或）表现出来的知识（显性的和隐性的），是教师内心真正信奉的、在日常工作中“实际使用的理论”，支配着教师的思想和行为，体现在教师的教育教学行动中，即教师真正信奉并在其教育教学实践中实际使用和（或）表现出来的对教育教学的认识[②]。这种知识的建构与发展基于教师的主观知觉与个体经验融合，它针对教学情境中的实际事务，致力于问题的解决与意义的重新诠释[③]。毫无疑问，实践知识指向教师的教学活动实践，能够解决“怎样教”的问题，又能有利于发挥教师的个性特点，为教师的专业发展提供建设性工具。可见，实践知识才是教师教学活动背后真正起作用的知识，教师实践知识的开发比教师学科知识、教育理论的灌输以及教学技艺的模仿更为重要。实践知识才是教师专业发展的知识基础。

至此，上述分析已经提供了一个非常清晰的逻辑与路线，即教师教育或师资培养的专业化不能只关注外在形式的专业化，而更应该关注教师内在的专业发展。教师专业发展的知识基础是其立足之根本，而在教师具备的各种知识中，实践知识才是教师专业发展的知识基础。因此，教师的知识才应当作为教师教育改革的实际起点，教师教育或师资培养的专业化尤其要关注教师的实践知识。

二、师资培养专业化的新视角

师资培养的专业化最终的着力点要落在教师实践知识的培养上。事实上，实践知识是一个非常复杂且丰富的范畴。有学者对教师实践知识的构成进行

① 鞠玉翠．教师教育与教师个人实践理论的更新[J]．教育探索，2003(3)：92-94.

② 陈向明．实践性知识：教师专业发展的知识基础[J]．北京大学教育评论，2003(1)：104-112.

③ 操太圣，卢乃桂．伙伴协作与教师赋权：教师专业发展新视角[M]．北京：教育科学出版社，2007：25.

了分析，认为此类知识包括六个方面的内容：一是教师的教育信念，即积淀于教师个人心智中的价值观念，通常作为一种无意识的经验假设支配着教师的行为；二是教师的自我知识，包括自我概念、自我评估、自我教学效能感、对自我调节的认识等；三是教师的人际知识，包括对学生的感知和了解，热情和激情；四是教师的情境知识，主要透过教师的教学机智反映出来；五是教师的策略性知识，主要指教师在教学活动中表现出来的对理论性知识的理解和把握，主要基于教师个人的经验和思考；六是教师的批判反思知识，主要表现在教师日常“有心”的行动中[①]。各部分的知识内容相互联系、相互影响，但各部分知识内容的强度和力量存在差异[②]。如上述教师的策略性知识，包括对整合了学科内容、学科教学法、教育学理论的学科教学知识（PCK）的把握，指向最直接的实践教学，可谓是教师实践知识中的核心部分。

PCK这一术语的出现，肇始于美国教育学家舒尔曼于1985年在全美教育研究协会（AERA）上的演讲。随后，舒尔曼根据演讲的内容撰写了《教学中的知识增长：当前的理解》[③]，随着其“续篇”——《知识与教学：新的改革的基础》[④]的发表，这篇论文成了舒尔曼最有名的作品。舒尔曼关于教师可能拥有的专门知识——“学科教学知识”的假设，在教学领域产生了巨大的影响。

PCK的提出是基于舒尔曼对历史上和当代的研究试图回答教师的知识和技能问题的审视。他认为，教学研究长期忽视了“缺失范式”：研究者探讨了教学的一般性问题，但未能理解教师是如何教教学内容的。对此，他提出，教师需要具备许多不同类型的知识，包括内容知识、学科教学知识和课程知

① 陈向明.实践性知识：教师专业发展的知识基础[J].北京大学教育评论，2003(1)：104-112.

② 鞠玉翠.教师教育与教师个人实践理论的更新[J].教育探索，2003(3)：92-94.

③ SHULMAN L S. Those who understand: knowledge growth in teaching[J]. Educational researcher, 1986(2): 4-14.

④ SHULMAN L S. Knowledge and teaching: foundations of the new reform[J]. Harvard educational review, 1987(1): 1-23.

识。学科教学知识超越了学科知识本身，而关注学科知识的教学维度。在舒尔曼所归纳的学科教学知识的分类中，包括了某一学科领域中最常被教的主题、那些观念的最有用的表述形式，最有力的类比、图解、例证、解释和演示，即包含了能够使该学科被他人理解的各种方式①。一开始，舒尔曼将学科教学知识与学科知识、课程知识并列归入内容知识。随后，舒尔曼意识到这种不合理性，指出教师知识基础有七个类型：内容知识，一般教学法知识，课程知识，学科教学知识，有关学习者及其特性的知识，教育情境知识，有关教育目的、目标、价值和其哲学和历史基础的知识。这时候，学科教学知识已经从内容知识中分离出来，指教师特有的关于学科内容和教学法的结合物，是教师自己的有关专业理解的特定形式②。具体而言，学科教学知识指教师将学科知识转化成学生容易理解的形式的知识。除了PCK的内涵，舒尔曼还对PCK的生成进行了阐述。他认为，学科教学知识是由学科知识转化而来，转化需要下列过程的组合或排列：①准备给定的文本材料，包括批判性解释的过程；②用新的类比、比喻等方式表征观点；③从一系列教学方法和模式中做出教学选择；④使教学适应学生的一般特点；⑤使教学适应班级学生的具体需要。这些转化的形式，把教师的个人理解转为他人理解的过程，正是进行教学推理的本质③。可见，根据舒尔曼关于PCK内涵和生成的阐释，学科知识的表征和学生对于学科知识的概念理解和学习困难成了PCK的核心部分，PCK被认为是最能区分教学专家与学科专家、高效教师与低效教师的一种知识④。

PCK自舒尔曼于20世纪80年代提出后，在世界范围内的教学领域产生了

① 舒尔曼.实践智慧：论教学、学习与学会教学[M].王艳玲，等译.上海：华东师范大学出版社，2014：125.

② 舒尔曼.实践智慧：论教学、学习与学会教学[M].王艳玲，等译.上海：华东师范大学出版社，2014：155.

③ 舒尔曼.实践智慧：论教学、学习与学会教学[M].王艳玲，等译.上海：华东师范大学出版社，2014：162.

④ 解书，马云鹏，李秀玲.国外学科教学知识内涵研究的分析与思考[J].外国教育研究，2013(6)：59-68.

巨大的影响。各国研究者在舒尔曼的基础上继续对PCK进行发展和完善，具体体现在：一是对PCK定义和构成成分的发展，如格罗斯曼在舒尔曼关于PCK核心要素的基础上，在其提供的知识模型里增加了“有关特定主题教学目的与信念的知识”和“课程知识”[①]。二是引入新的理论视角对PCK进行建构，如科克伦从心理学的角度用动态的“认知”概念取代静态的“知识”概念，将PCK发展成为PCKg（Pedagogical Content Knowing），强调其基于学生需要的理解上不断动态变化的实质[②]；威尔从布鲁姆目标分类的角度将PCK进行分类，分为一般的、特定学科的、特定领域的、特定主题的PCK[③]。三是关于PCK的实证研究，如借助舒尔曼PCK的核心要素、内容表征工具（Content Representation，CoRes）和教学经验库（Pedagogical and Professional Experience Repertoires，PaP-eRs）帮助教师教育者了解PCK现状、发展职前科学教师PCK[④]；或者用纸笔测试的形式，根据评分标准对试卷中教师基于教学情境的回答以及结合教师对学生的测量来综合评估PCK[⑤]。此外，还有基于量规型的PCK测量方式对教师在特定任务中的阐述、分析和教学设计等方面进行考察，具体考察方式也不仅仅局限于纸笔测试，还可包括观察、访谈等[⑥]。

总之，PCK自20世纪80年代提出以来，经过几十年的发展，其内涵和外

① GROSSMAN P L.The making of a teacher: teacher knowledge and teacher education [M]. Columbia University: Teachers College Press, 1990.

② COCHRAN K F, DERUITE J A, KING R A. Pedagogical content knowledge: an integrative model for teacher preparation[J]. Journal of teacher education, 1993(4): 263-272.

③ VEAL W R, MAKINSTER J G. Pedagogical content knowledge taxonomies [J]. Electronic journal of science education, 1999(4).

④ 解书，马云鹏. 学科教学知识(PCK)研究的发展历程：兼谈对我国教师教育研究的启示[J].现代教育管理，2013(6): 56-61.

⑤ KRAUSS S, BRUNNER M, KUNTER M. Pedagogical content knowledge and content knowledge of secondary mathematics teachers[J]. Journal of educational psychology, 2008(3): 716.

⑥ PARK S, JANG J Y, CHEN Y C.Is pedagogical content knowledge(PCK) necessary for reformed science teaching? Evidence from an empirical study. [J]. Research in science education, 2011(2): 245-260.

延在不断丰富，应用范围越来越广，但至今人们对PCK的认识和理解似乎都尚未统一。但无论如何演绎PCK，教师在特定的教学情境里，基于对学生和对学科内容的综合理解，选择适当的表征方式来帮助学生更好地理解与学习，这一基础始终没有动摇。因此，学科知识的表征和对于特定学习困难的教学策略的知识以及基于学科内容对学生理解的知识是具有普遍共识的PCK核心。①很显然，从知识论的视角来看，PCK为教师专业知识以及教师的专业发展研究提供了一种新的解释力，进而对教师教育或师资培养的专业化提供了一种新视角。

三、职教师资培养专业化的核心

由上文的分析可知，教师教育或师资培养的专业化是随着师范教育的出现而发展起来的。在这个发展过程中，随着人们对教师专业发展认识的深入，教师教育专业化也不再仅仅“甘心于”对外在形式“专业化”的追求，而意识到教师内在实质的“专业化”才是教师教育专业化之根本，而教师的知识应该作为教师教育改革的起点。然而，在浩瀚如烟的知识视域中，要把握教师知识并不容易。而作为最能区分教学专家与学科专家、高效教师与低效教师的PCK，恰恰从知识论的视角揭示了教师专业发展的核心问题，也为教师教育的专业化提供了理论工具。

然而，PCK的提出最初主要是针对中小学教师，随着PCK的发展，在普通教育领域，目前已出现了许多某一特定学科领域PCK的研究，如数学（Mathematics）PCK为MPCK，化学（Chemistry）PCK为CPCK，等等。但这一相关研究在职教领域还较为贫乏，职教研究专家基本上还是探索普通职教理论规律，无意顾及具体专业内容的研究。因此，PCK的提出启发我们，可试图将这一理论工具应用于职教教师专业发展领域。区别于普通教育对“学科”的划分，在职教话语体系里，人们更习惯用“专业”一词来表述学生接受职

① 解书，马云鹏，李秀玲．国外学科教学知识内涵研究的分析与思考[J]．外国教育研究，2013(6)：59-68.

教的“教学门类”，故在此我们将职教PCK称之为“职业教育专业教学知识”(VPCK)。

很显然，VPCK这一概念的提出既能与普通教育语境中的PCK相区分，又能体现职教的特色。而PCK与VPCK最大的不同，源自“学科”与“专业”的区别。在普通教育语境中，课程内容及课程组织形式基本上还是按照学术体系的逻辑来选择与编排，这种逻辑所体现的教学活动的主要载体是学科，科学理论和普遍观念是学科课程的核心内容。因此，基于“学科”的PCK，离不开教师从教育者的角度对学科内容或学科知识的把握与理解。而职教与普通教育最大的不同在于其职业性，因此，在职教语境中，“专业”更多地指向职业，是与职业形式的工作紧密相连的，而非来自基于学科知识体系的专业科学中的“专业”，其产生与形成是动态职业分析的结果①。职教课程内容与课程组织形式的开发，也主要是采取了与学术体系相对独立存在的工作体系逻辑。显然，职教的“专业”，既不是学科专业的“压缩饼干”，又不是社会中各种职业的简单复制②。而基于“专业”的VPCK，离不开职教教师从教育者的角度对职业性专业工作的内容及其关系的理解和开发，以及对实践者非学科性的知识——经验的处置、结构化以及评价③。

可见，基于上文对PCK内涵以及VPCK与PCK的区别的分析，我们可以试图对VPCK做如下界定：VPCK是指职教教师将专业知识转化成学生容易理解的形式的知识，职教教师知道使用操作示范、类比、解释、举例等一系列方式来呈现专业内容，并了解学生理解的难点。同理，在VPCK中，专业知识的表征和学生对专业知识的理解和学习困难是核心部分。需要指出的是，鉴于职教职业性的特点，这里的专业知识是关乎职业及涉及职业运行的工作过程知识，从“情境化程度”来看，不仅涉及关乎职业理论的陈述性知识，更是涉及关乎职业技能操作的程序性知识；从职教教师专业知识的表征方式来看，不仅包括了与普通教育教师相类似的手段方式，更是突出了职教教师

① 姜大源.职业科学辨析[J].高等工程教育研究,2015(5):149-156.

② 姜大源.职业科学辨析[J].高等工程教育研究,2015(5):149-156.

③ 姜大源.职业科学辨析[J].高等工程教育研究,2015(5):149-156.

操作示范等方式；从学生对专业知识的理解来看，不仅包括了学生对专业理论知识等显性知识的理解，更是包括了学生对技能操作等默会知识的理解。

VPCK的提出对职教师资培养的专业化具有重要的启示意义。

首先，体现在对职教教师职业身份的认识上。长期以来，我国学者对职教教师的培养讨论最多的就是“双师型”教师概念。基于不同的维度，对“双师型”教师有不同的理解，如基于教学能力分类的“双师”指的是既能传授理论又能指导实践的教师，基于资格证书分类的“双师”指的是既有教师资格证又有职业资格证的教师，基于知识结构分类的“双师”指的是既精通专业技术又掌握师范技能的教师①。显然，工学结合、校企合作的职教最本质的特征是“跨界”②，然而将这一特征运用到“双师型”教师的概念上显得勉为其难。这是因为，“双师”这一概念一开始是基于不同维度的分类来进行定义的，究竟教师怎么“跨”才能与职教的本质相适应，似乎无法说清楚。而VPCK的提出似乎能给我们提供思考，VPCK是在专业知识、教育学知识和情境知识等相互作用、融合合成的基础上产生的，它不是简单的知识的叠加，因此不同于任何原来的知识。从VPCK的视角来看，职教教师需要的正是这种专业知识与职业教育学知识结合起来形成的新的知识，因此职教教师绝不仅仅是“教师”和“工程师”两种职业身份上的简单叠加。很显然，我国本土化的“双师型”教师概念的格局过于狭隘，而VPCK有助于我们从知识基础的角度去重新理解职教教师的职业身份，这是职教教师培养专业化的首要前提。

其次，体现在对职教教师教育体制的认识上。如在培养机构方面，目前我国职教教师的培养更多地在教育学院进行，这与教师教育专业化所带来的“分离化”效果是分不开的；在课程设置上，职教教师的专业课程和教育学课程通常是“两层皮”，教学实践类课程通常得不到应有的重视；在教师资格证

① 吴全全.职业教育“双师型”教师基本问题研究：基于跨界视域的诠释[M].北京：清华大学出版社，2011：15.

② 姜大源.职业教育立法的跨界思考：基于德国经验的反思[J].教育发展研究，2009(19)：32-35.

书的认证和颁发上，强调考生通过特定的教育学类考试，其假设前提是只要教师懂得普通职教原理就能教好具体科目。而VPCK是几种相关知识相互作用、联系、整合而成的新知识，更是一种职教教师结合相关情境的实践性知识。职教教师教育的专业化，必须从教育体制上仔细思考教育学院与专业学院该如何更好地合作，职教教师的专业课程和教育学课程该如何融合，职教教师资格考试又该如何设计以保证对职教教师VPCK的充分检验。

综上，VPCK作为PCK在职教教师专业发展领域中的“迁移”与发展，其内涵具有职教视域中的独特性，且对职教师资培养的专业化具有重要的启示意义。正如PCK被认为是最能区分教学专家与学科专家、高效教师与低效教师的一种知识，VPCK是当前最能区分职教教学专家与职教专家、高效职教教师与低效职教教师的一种知识。VPCK在当今职教教师专业发展中具有重要地位，对VPCK的培养是职教师资培养专业化的核心问题。

第三节　职教师资培养分析框架的构建

为保证本研究的比较分析更具系统性，有必要构建职教师资培养分析框架。上文从知识论的视角剖析了职教师资培养专业化的实质，为本研究提供理论工具。基于此，本节从比较单位的选择入手，构建本研究的分析框架。

一、比较单位的选择

对于职教师资培养的研究，本研究采取国别比较的方式。这是因为，首先，在传统上，比较教育往往将地理实体作为比较分析的单位，虽然比较还可以基于其他多种分析单位，如文化、政策、课程、制度等，但所有这些单位不可避免地从属于一个或多个地域。所以，将地理实体作为比较研究的切入点，仍是从事比较教育研究必不可少的基本步骤。[①]其次，从目前已有的职教师资培养的研究来看，从国家层面对职教师资培养进行管理已经是普遍的事实，其培养体系的特点和整个国家的历史、社会、经济等因素相关。相对而言，由于职教的发展和国家的工业化进程相关，西方一些国家的职教发展较早，职教师资培养较为成熟，有相对成熟的经验。因此，对它们的职教师资培养进行剖析，可以了解其师资培养的演变情况和培养体系的特点和规律。本研究计划选取三个国家作为研究的比较单位。

在具体国家的选择上，本研究依据两个标准。首先，从职教的发展模式来看，教育学家格林指出了欧洲教育与培训体系的几种模式。其中，以德国为典型代表的德语系国家体现了对教育的高度地方自治；以法国为典型代表的“拉丁圈”国家体现了政府对教育与培训的中央控制；英格兰和威尔士则体现了自由主义的特点，以及历史上国家对教育与培训体制的有限控制，市场对教育与体制进行显著的调节作用。其次，从职业专业化的进程模式来看，美国社会学家弗莱德森指出了两种职业进化的模式，这种进化是伴随着该职业在经济活动中寻求社会地位的过程而来的，以英国、美国为代表的职业专业化进程可以看做是专业中心（Profession-centered）模式，以德国为代表的欧洲大陆国家的职业专业化进程可以看做是典型的国家中心（State-centered）模式。

很显然，以上两条标准是基于“职教体制”和“职业专业化”的角度对不同国家进行了划分。职教体制是任何职教主题研究的大前提，因此上述第一条标准对本研究是适用的；教师专业化是职业专业化的一种，因此第二条标准能为本研究提供有力的支撑。因此，综合上述两条标准所划分的不同模式的代表，本研究选择英国、美国、德国作为比较对象。需要说明的是，由于英国各地区情况复杂，本研究选取英国的英格兰地区为比较对象之一，除特别说明外，本书中的“英国”专门指英国的英格兰地区。

① 贝磊，鲍勃，梅森.比较教育研究：路径与方法[M].李梅，主译.北京：北京大学出版社，2010:71.

二、分析框架的构建

（一）两条研究线索

在选定了比较的对象后，需要进一步对研究的分析框架进行构建。很显然，分析框架的构建将直接指向研究的问题。依据前面的分析，本书的研究问题聚焦于各国职教师资培养是如何指向专业化的，即比较分析框架的构建要有利于职教师资培养专业化现象的理解和解释。在解释性比较研究中，美国教育学家贝雷迪提出的经典比较教育研究模型很有借鉴意义。他从两个方面来分析比较教育研究——区域研究（在一个国家或地区之内）与比较研究(对几个国家或地区进行共时比较)，还提出比较分析的四个步骤：描述、解释、并置、共时比较。在这一模型中，研究者要做的，并不是机械地对两个或更多地区进行对比，而应当对它们的背景因素进行关注；之后，在评价相关教育资料的基础之上，确定进行有效比较所需的标准参照项，以此作为提出假设的依据，这一步是所有比较教育研究的前提，因为只有以参照项为基础，才能对被比较的对象进行研究；随后，研究者发现被比较单位之间的相似性或差异性，以及相似或差异的程度，分析背后的原因并找出一定的规律①。

贝雷迪的比较教育研究模型为本研究的比较分析提供了一般路径和工具。基于此，本研究确立两条研究线索：一条为历史分析，另一条为剖面分析。

历史分析是从纵向的时间角度对各国职教师资培养形态的演变进行考察，从而分析出职教师资培养的演变路径。在历史分析中，有这样一个前提假设，即经济、社会、文化等因素都会推动历史的发展。因此，历史的角度将有利于更加综合地评价各国职教师资培养的相关资料，能为下一步比较项的确定提供基础。

剖面分析是对各个国家当前职教师资培养的现状进行横切面的呈现，分

① 贝磊，鲍勃，梅森.比较教育研究：路径与方法[M].李梅，主译.北京：北京大学出版社，2010:72.

析其构成与特点。职教师资培养专业化分为外在形式专业化和内在实质专业化，外在形式专业化更多地体现在体制或制度的结构设计上，内在实质专业化则体现在教师专业发展的内涵上，可以说外在形式专业化是为了更好地促进教师内在的专业发展。因此，在剖面分析上，本研究采取结构功能主义的范式，把职教师资培养看成是一个系统或体系，对构成该系统的部分和功能进行分析。

（二）比较分析的标准参照项

职教师资培养体系由哪些部分构成呢？

本研究试图挑选职教师资培养的专业标准、资格认证、课程设置作为比较分析的标准参照项。具体而言，首先，教师专业标准在世界范围内教师专业化运动进程中，从一开始就是作为教师专业化运动的一个组成部分而出现的。即便教师是否是一种专业至今尚无定论，但专业标准的制订与实施，使得教师职业在很大程度上具备了大多数专业所必需的一些元素和条件[①]。而这种具有准入性、排他性的专业标准恰恰决定了教师专业发展的方向，体现了师资培养的价值取向或目标。其次，教师资格证书在各国的历史发展中，是作为国家或行业保护组织对从事教师职业、专业或教育教学活动的人所应具备的条件或身份的一种强制性的规定而出现的，是公民从事教师岗位的法定前提[②]，也是保证教师质量的重要体现，因此在师资培养专业化进程中具有不可替代性。各国在教师资格的认证和颁发上，都设计了一定的程序与要求，这恰恰指向各师资培养单位为帮助准教师获得教师资格证的培养模式的问题。最后，世界教师教育课程设置的发展历程，是教师专业化及教师教育专业化发展路径的必然结果，教师教育课程本身一直都是沿着一种专业教育的模式在发展。课程内容本身直接反映了对教师的知识和能力要求，恰恰体现了师资培养的培养内容，构成了整个师资培养计划的核心。因此，职教师资培养的专业标准、资格认证、课程设置直接反映了职教师资的培养目标、培养模

① 荀渊，唐玉光．教师专业发展制度[M]．北京：教育科学出版社，2011：17.

② 荀渊，唐玉光．教师专业发展制度[M]．北京：教育科学出版社，2011：42.

式和培养内容问题，是职教师资培养中的三大基本要素。

与此同时，职教教师的专业标准、资格认证、课程设置三大要素在本质上应该体现以下关系：一是职教教师的专业标准能为职教教师资格认证和师资培养的课程设置提供一定标准和参照；二是职教教师资格认证要求职教教师专业标准和师资培养课程设置具有一致性，如有的国家的职教教师专业标准就是职教教师资格标准，职教师资培养课程就是职教教师资格证书课程；三是相对于专业标准和资格认证等外部保证，职教教师培养的课程设置在专业标准和资格认证的“指导”下从内部对职教教师教育质量提供保证。

需要说明的是，上述的职教师资培养要素并未穷尽，还可包括职教教师的质量评估、职教教师教育机构的认证等。但基于上述分析，本研究特限定专业标准、资格认证、课程设置为职教师资培养中的三大基本要素，作为本研究中各国职教师资培养体系比较分析的标准参照项。对于每个要素的具体分析，笔者采用“谁来做—做什么—怎么做”的思路，即对每个要素的“主体”“内容”“方法”分别进行有针对性的展现和分析，以便清楚、详实地展现职教师资培养体系。

接下来，按照结构功能主义范式，在确定了职教师资培养体系的三大基本要素后，要对各要素的功能进行分析。对功能进行分析的角度有很多，如教育功能、经济功能、社会功能等，而围绕本研究的“职教师资培养专业化”主题，本研究限定在对职教师资培养体系的教育功能的探讨上，即职教师资培养体系是如何促进职教教师专业发展的，主要围绕VPCK的培养而展开。具体体现为两个维度：一是职教教师的专业标准、资格认证、课程设置在“内容”上有无体现VPCK，重点关注职教专业内容表征和对于特定学习困难的教学策略知识以及基于职教专业内容对学生的理解的知识。二是职教教师的专业标准、资格认证、课程设置在“方法”上是如何促进VPCK的生成的。

（三）比较分析框架与模型

基于上述分析，可以构建职教师资培养比较分析框架，见表2-1。

表2-1　职教师资培养的比较分析框架

比较维度	参照项	具体指标
结构（三大基本要素）	专业标准	制订标准的主体
		标准使用的对象及作用
		标准的能力要求
	资格认证	资格的类别
		资格认证的机构
		资格认证的程序与要求
	课程设置	开设课程的机构
		课程开展的形式
		课程模块与内容
功能（教育功能）	VPCK的培养	VPCK内容的体现
		VPCK生成的机理

比较分析框架中的“结构”维度，呈现各国职教师资培养现状资料的组织逻辑，“功能”维度则为各国职教师资培养的三大基本要素提供了理论分析工具。

在比较分析框架的基础上，有必要为本研究构建一个高度抽象的职教师资培养分析模型，参见图2-1。在这个模型中，外圈表示的是职教师资培养的外部环境，指的是影响职教师资培养的各个利益相关者（如政府、雇主、专业组织、培养机构、教师等）及其关系；中圈表示的是职教师资培养体系，指的是整个职教师资培养体系的制度架构；内圈表示的是职教师资培养体系的核心圈，指的是本书要具体探讨的职教师资培养体系的三大基本要素。

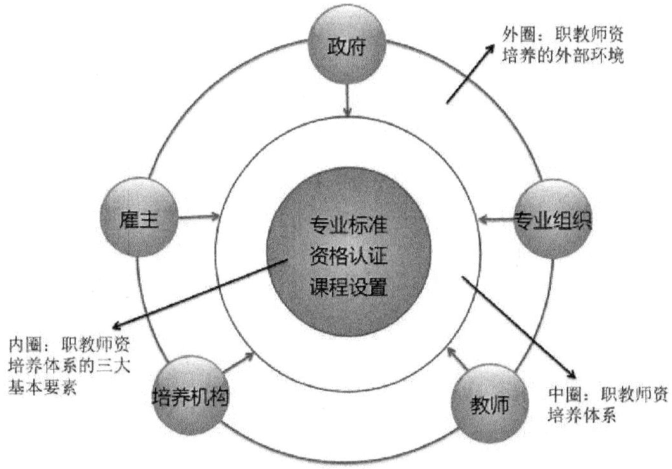

图 2-1　职教师资培养的分析模型

// 本章小结

本章从“专业”“专业化”“教师专业化”的概念出发，对近年来教师专业化运动中的中心议题的转向进行了分析。随着教师专业化的概念逐渐从社会学意义过渡到教育学意义，其中心议题亦从关注教师外在的社会地位的提升转向关注教师内在的专业发展，这使得师资培养从职业定向型转向专业化的师资培养。因此，专业化成了职教师资培养的必然取向。

从世界各国教师教育的改革来看，师资培养在外在形式上逐步走向了“专业化”的道路，而较易忽略教师内在的专业发展。本章从知识论的视角进行探讨，提出师资培养的专业化首先要关注教师的实践知识。20世纪80年代舒尔曼针对普通教育领域提出的PCK（学科教学知识）为师资培养专业化提供了一种新视角，本章将普通教育教师研究领域的PCK相关理论应用于职教教师专业发展领域，再概念化为VPCK（职业教育专业教学知识），用于考察职教师资培养的内在实质专业化，即职教教师的专业发展。

通过对职教师资培养外在的形式专业化和内在的实质专业化的分析，本章构建本研究的分析框架。首先，依据职教的发展模式和职业专业化的进程模式两条标准，选取英国、美国、德国作为比较单位；其次，依据贝雷迪的经典比较教育研究模型，确立本研究历史分析和剖面分析的两条研究线索；最后，依据结构功能主义范式，从结构和功能两大维度选取专业标准、资格认证、课程设置，以及VPCK的培养，作为本研究比较分析的参照项，构建职教师资培养的比较分析框架和模型。

第三章
英国职教师资培养

在英国历史上，职教的传统是以雇主为导向，英国职教师资的培养也不例外。本章首先梳理英国职教师资培养的历史演变，然后对英国职教师资培养的三个基本要素进行全面描述，最后总结英国职教师资培养的主要特点。

第一节 英国职教师资培养的历史演变

20世纪90年代中期以前，英国政府从未对职教教师的资格或标准做任何法令规定，职教师资的培养多为地方自发性的，培养方式不规范，质量参差不齐，缺乏相应的教师培养监管机制。从20世纪90年代后期至今，英国政府对职教师资培养的要求和监管态度在不断变化和反复，职教师资培养在短短时间里从强制性规范化阶段走向专业化自觉阶段。

一、地方自发阶段（20世纪90年代中期以前）

19世纪和20世纪早期，英国技术学院中的教学活动与培训、指导、技能传授及从实践中掌握一门技术密切相关。基本上，职教是通过学徒制来实现的。技术学院中的教师通常回避教学问题，他们视自己为培训者而并非教师，认为先前的行业经验对于教学来说已经足够。直到1944年以前，继续教育中的大部分教师是兼职教师，直接从各行业中挑选，没有任何教学实践经验，也没有接受过任何培训①。

1944年，英国政府颁布了《1944年教育法》，即著名的《巴特勒法案》，以法律的形式确定了职业技术教育在继续教育中的地位②。同年，英国教育部门发布《麦克奈尔报告》，指出技术学院中的教学令人乏味，教学方法陈旧，职业技术教育从未获得其应有的重视，针对技术学院中的教师招聘和培训没有系统化的规定。政府对此没有采取行动，未赋予技术学院中的教师享有学校系统中其他教师同等的地位及待遇，对于技术学院教师的教学资格没有做

① RICHARDSON W. The technical colleges: its organization and administration [M]. London: Oxford University Press, 1939: 148.

② 石伟平. 比较职业技术教育[M]. 上海: 华东师范大学出版社, 2001: 43.

出任何规定。

70年代以后，技术学院开始向继续教育学院转变，教师缺乏清晰的职业身份认同，难以形成统一的职业价值观和标准。到了80年代和90年代早期，继续教育学院中接受教师培训的人数比例有所改善，但不同学院和不同专业领域的初始教师教育和教师继续专业发展情况差别巨大，发展极其不均衡。

1992年英国颁发《继续教育与高等教育法案》，提出给予继续教育学院更多的自主权，从1993年4月1日开始465所继续教育学院不再受地方政府的控制，转由继续教育拨款委员会来提供教育经费①。这一法案的出台反而使得职教师资培养不规范化程度加剧，继续教育学院对师资培养的投入严重缺乏，继续教育学院为控制经费甚至将师资培养的支出削减至总预算的1%以下。90年代早期，出现了将国家职业资格的模式运用到继续教育学院教师初始教育和培训中的势头，其重要的标志是1990年培训发展领导机构（Training and Development Lead Body，简称“TDLB”）的成立，该机构旨在为所有就业部门的培训和发展制订标准。1994年，英国教育部和就业部决定为继续教育学院的教师开发更高级的国家职业资格。1995年，一项被称为开发继续教育学院的“功能性地图”（Functional Map）的项目启动，该“地图”是一种对职业能力的描述，旨在描述与继续教育学院中特定职业岗位相关的成就表现。该项目后由继续教育发展机构（Further Education Development Agency，简称“FEDA”）所负责，并要求该机构创建职工发展论坛，为继续教育学院的教师开发国家标准。

直到90年代中期，英国政府始终未对继续教育部门的教师资格和标准做出任何法令性规定要求，也未对教师的培训制订统一的规划或相关教师培训课程设置。所有这些问题都留给了地方教育当局、学院和大学，职教师资的培养多为自发性的，由地方教育当局、学院和大学自主决定。

① 陈祝林，徐朔，王建初.职教师资培养的国际比较[M].上海：同济大学出版社，2004:150.

二、强制性规范化阶段（20世纪90年代中期—2011年）

1996年英国教育与就业部成立了继续教育教职工发展论坛（该论坛主席同时是继续教育发展机构的主席），旨在为继续教育学院中的所有职位制订一套国家标准。1999年英国继续教育国家培训组织颁发了《继续教育部门教学和学习支持的国家标准（英格兰和威尔士地区）》。这套标准较为宽泛，分别从专业知识、教学关键领域、个人技能和品质3个维度提出了15条具体能力标准，这是英国首次尝试针对继续教育学院教师这一群体制订的国家标准。2000年终身学习国务大臣颁布了关于继续教育教师强制性教学资格的咨询文件。2001年9月起，英国教育与技能部对所有新入职的继续教育学院教师实施强制性教学资格要求，由教育、儿童服务与技能标准办公室负责监管新教师培训。

可以说，世纪之交的这几年，是英国政府对职教师资培养进行监管的尝试阶段。但是，英国继续教育学院对国家标准的应用为时过早，强制性教学资格这一国家规则很难适用于多样化的、雇佣方式灵活的继续教育学院。人们对此标准和管理规定褒贬不一，继续教育学院为了使职教的教学能及时应对劳动力市场需求，仍然直接从工业界招聘不具备教学资格的人员。

2002年英国教育与技能部颁发《为了每个人的成功：继续教育与培训的改革》文件，指出继续教育领域的教师技能和生涯发展被严重忽视，多数教师是临时工，且未对教师专业技能的提高、职业知识的更新以及领导力的发展给予充分的重视。同年，学习研究所成立，该机构是针对继续教育部门教师专业发展的一个自发性专业组织。2003年，女王陛下视察团颁布了一份关于全国继续教育部门的新教师培训报告，指出基于1999年标准的教师培训体系并未对新任教师的教学能力发展提供适当的支持与机会。2004年英国教育与技能部颁发《教师面向未来：学习与技能部门新任教师培训改革》文件，提到要为整个继续教育体系制订一套新的教师标准。

之后，英国政府要求英国终身学习委员会（于2005年取代了继续教育国家培训组织）着手制订这一专业标准，2006年颁发《终身学习部门教师、指导老师和培训者的专业标准》。该标准共分为专业理念与实践、学习与教学、专业学习与教学、规划与学习、学习评价、学习进阶6个领域，以及专业理念、专业知识、专业实践3个维度166条具体能力标准。为了与该标准相适应，2007年英国终身学习委员会出台继续教育部门的教师资格制度，制订面向不同群体的三种等级水平的教师资格，列出初始教师培训的强制性单元评价要求。所有教师在完成初始培训、获得资格证书后的五年内还需完成“合格教师的学习和技能”认证，之后才能算“完全合格”的教师。

2008年，英国终身学习委员会要求开展继续教育新教师培训项目的所有高等教育机构，都需要经过子部门英国标准审查委员会的认证，同时由该委员会负责年度督查，而且要求所有初始教师培训的教学与评价遵照颁发的标准和评价规定。2011年，英国终身学习委员会和英国标准审查委员会被撤销，由英国学习和技能提升服务部门和学习研究所代替并负责相应职能。

可以说，21世纪第一个十年是英国政府自尝试对职教师资培养进行监管以来的强化阶段，政府采取了一系列措施促进职教师资培养的发展：专业标准进一步细化，教师资格适用对象范围进一步拓宽，教师培训的认证和管理制度得到进一步完善。但是，政府强化监管的举措受到人们的批评，人们发现“合格的”教师数量有显著提升，但教师质量未获得真正意义上的改进。政府外部监管力量的强制介入反而使得职教师资的培养只关注对国家标准和教师资格要求的服从，而忽略对教师培养课程开发本身的关注。

三、专业化自觉阶段（2012年至今）

2012年，英国政府成立了专家组对继续教育部门的教师专业发展情况进行调研，发布《劳德·菲林德关于继续教育部门专业化发展的独立评论》报告，认为继续教育部门教师的专业化发展因外部政府监管力量的大幅介入反而被弱化，建议应由雇主自行决定适应教师和学校发展的教师资格要求。之后，英国商业创新与技能部对继续教育部门的教师资格进行了讨论，要求英国学习和技能提升服务部门进一步简化并重新定义教师资格。2012年9月，职教教师在学习研究所进行“合格教师的学习和技能”认证的强制性规定被废止，2007年规定的职教教师必须具备教师资格的用工要求在2013年9月后被全面废止。此后，职教教师资格不再是必需的，雇主可自行决定教师的任职资格和教师的专业发展路径。同时，英国学习和技能提升服务部门为简化2007年版教师资格要求，于2013年颁发新文件《继续教育与技能部门的教学与培训资格（英格兰地区）》。随后，英国学习和技能提升服务部门和学习研究所先后被撤销，由教育与培训基金会替代并执行相关职能。英国教育与培训基金会对2006年的标准进行修订，2014年颁发《教育与培训部门的教师专业标准（英格兰地区）》，这套标准简化了原来的内容。

可见，从2012年开始，英国政府对职教师资培养的监管态度在不断弱化，政府不仅废除了2007年以来对职教教师资格的强制性规定，将该权力重新交给雇主，还修改了以往复杂的专业标准和教师资格内容，更加贴合雇主的需求。这一阶段人们对此举措支持或反对的声音并存：一方面雇主认为职教教师具备先进的技术技能比资格本身更重要，因此雇主应拥有职教教师选择和培养的自主权；另一方面职教师资培养单位认为，政府监管的弱化会导致教师质量和教师专业化发展水平的下降。

纵览英国职教师资培养发展历程，可以发现英国政府主要是通过制订教师的专业标准和教师资格制度两个方面来加强对职教师资的专业化培养。但由于政府过于强调标准和教师资格制度的应用，使得职教师资培养的效果并不理想。因此，在大约二十年的时间里，英国政府对职教师资培养的监管迅速走过了“尝试”“强化”“弱化”的三个阶段（主要事件见表3-1），每一阶段的褒贬声音不断。目前，英国职教师资的培养似乎回到二十年前的“自发性”状态。那么，今后还会走入下一个循环吗？答案是否定的。目前英国政府对职教师资培养的监管弱化已完全不同于以前的放任态度。虽然政府不再对教师资格实行强制性规定，但通过过去的监管和改革举措，目前大多数职教教师具备了（或正在接受培训准备获得）相应的教师资格，且大多数具有本科及以上的教育水平。继续教育学院和职教教师的专业化发展已经超越了英国政府宏观把控的需要。在未来，英国政府针对职教师资的培养将改变过去从上至下的政策推行方式，而更加关注如何为职教师资的专业化培养提供更便利的政策框架和更大的发展空间；雇主和职教教师培养单位将改变过去对国家标准和教师资格制度的简单服从，转变为更加自觉关注教师本身理论教学、工作实践和团队合作的协调发展。

表3-1 英国职教师资培养变革历程的主要事件①

时间	主要事件
1996年	英国教育与就业部成立继续教育教职工发展论坛，旨在为继续教育部门中的所有职位制订一套国家职业资格标准
1997—1999年	英国教育与就业部就继续教育部门的教师标准和资格的颁布展开研讨
1999年	英国继续教育国家培训组织颁发国家教师职业标准，这是英国首次尝试针对继续教育学院教师这一群体制订的国家标准
2001年	基于英国继续教育国家培训组织颁发的标准，对所有新入职的继续教育学院教师实施强制性教学资格要求，英国教育、儿童服务与技能标准办公室负责相关督查
2002年	学习研究所成立，该机构是面向继续教育部门教师和培训者的自发的专业组织
2003年	女王陛下视察团关于全国继续教育部门的新教师培训报告颁布，指出未来改革方向
2004年	英国教育与技能部颁布《教师面向未来：学习与技能部门新任教师培训改革》，提到要为整个继续教育系统制订一套新的教师标准
2005年	英国终身学习委员会和英国标准审查委员会取代英国继续教育国家培训组织
2006年	英国终身学习委员会颁发继续教育领域教师标准，该标准是对1999年版标准的更新

① 资料来源：FLETCHER M, LUCAS N, CROWTHER N, TAUBMAN D. The further education workforce[M]//HODGSON A.The coming of age for FE? Reflection on the past and future role of further education colleges in England. London: IOE Press, 2015: 89-111.

续表

时间	主要事件
2007年	英国终身学习委员会颁发新任教师培训评价的强制性单元规定,学习研究所被指定为强制性认证管理机构
2008年	英国标准审查委员会对所有开展职教教师培训项目的高等教育机构进行认证
2011年	撤销英国终身学习委员会和英国标准审查委员会,由英国学习和技能提升服务部门和学习研究所代替并执行相关职能
2012年	《劳德•菲林德关于继续教育部门专业化发展的独立评论》发布,建议取消2007年规定的职教教师必须具备教学与培训资格的用工要求
2013年	撤销英国学习和技能提升服务部门,建立继续教育协会,也就是教育与培训基金组织
2014年	撤销学习研究所,由教育与培训基金组织代替并执行相关职能,旨在为学习研究所的教师提供专业化发展支持

第二节 英国职教师资培养的基本要素

英国职教师资培养主要是近年的事情。本节围绕专业标准、资格认证、课程设置三个基本要素，对英国职教师资培养的现状进行剖析，以较为全面地把握英国职教师资培养专业化的形态。

一、英国职教师资培养的专业标准

2014年英国教育与培训基金组织颁布的《教育与培训部门的教师专业标准（英格兰地区）》是目前英国颁布的最新的职教师资培养的专业标准，该标准大大简化了原来繁杂且不利于操作的内容。该标准是继1999年英国继续教育国家培训组织首次针对继续教育学院教师颁发国家标准以来的第三版。英国教育与培训基金组织是一个官方机构，该机构通过与教师和培训师团体合作，调查并访谈超过950名教师和培训师，从而开发并制订了该标准。该标准面向继续教育部门的所有教师与培训者，没有对不同工作部门、不同阶段、不同专业领域的教师进行区分，以“双重专业化”为核心概念，要求教师既要是行业专家又要是教学专家。标准内容还与职教教师资格内容进行了对照，体现了专业标准与资格证书之间的联系。该标准清晰描绘了继续教育领域有效的教学实践和教师专业发展领域，为初始教师教育提供了参照。许多职教师资培养机构均明确表示课程设置遵照了此标准内容，并为各继续教育机构自身教师的培养提供了一个国家标准。

内容上，该标准仅有两级指标：一级标准分为3个维度：专业理念与态度、专业知识与理解、专业能力。“专业理念与态度”维度要求教师能对教学和培训中的有利因素和不利因素进行判断；“专业知识与理解”维度要求教师能挖掘理论与实践中具有深度影响力的、批判性的知识；“专业能力”维度要求教师能发展自己的专门技术和技能，以保证学习者的最佳学习效果。二级标准共20条具体能力标准（见表3-2）。

表3-2　英国《教育与培训部门的教师专业标准（英格兰地区）》具体内容

一级标准	一级标准阐述	二级标准
专业理念与态度	教师能对教学和培训中的有利因素和不利因素进行判断	1. 反思如何在教学中最大化地满足学习者的多样化需求 2. 对教学实践、价值观和信仰做出评价并提出挑战 3. 通过展现激情和传授知识来激发和鼓舞学习者 4. 创新性地选择并运用能帮助学习者学习的策略 5. 重视并促进社会和文化的多样性、平等性和包容性 6. 在同事和学习者之间建立积极合作的关系

续表

一级标准	一级标准阐述	二级标准
专业知识与理解	教师能挖掘理论与实践中具有深度影响力的、批判性的知识	1. 掌握并及时更新专业领域的知识 2. 掌握并更新实证实践所需的教育研究的知识 3. 利用研究或相关证据将有效实践的理论运用到教学、学习和评估中 4. 与他人一起评估教学实践及其对学习的影响 5. 管理并督促积极的学习者行为 6. 理解自己的教学和专业角色，以及责任
专业能力	教师能发展自己的专门技术和技能，以保证学习者的最佳学习效果	1. 激发、鼓励学习者提升学业成绩，开发学习者的技能以获得进步 2. 在安全和包容的环境下为不同学习小组或个人规划并实行有效的学习方案 3. 充分利用现代技术优势，并指导学习者使用现代技术 4. 满足学习者对数学和英语的需求，创造性地帮助个体克服学习困难 5. 督促学习者对他们自身的学习和评估承担责任，并帮助他们设定具有发展性和挑战性的目标 6. 使用合适的、公平的评估方法，向学习者提供建设性的和及时的反馈以帮助他们获得进步和成就 7. 与雇主合作，更新教学、培训中的专业知识和职业技能 8. 与他人合作，促进组织的发展及质量提升

二、英国职教师资培养的资格认证

(一)资格的类别

英国职教教师的资格证书是和英国资格学分框架（Qualifications and Credit Framework，简称“QCF”）紧密对应的。资格学分框架于2011年全面替代国家资格框架（National Qualification Framework，简称“NQF”），成为英国各种资格唯一的认可框架[①]。在资格学分框架中，学习单元是最小的单位，每个学习单元都有一定的学分和级别。其中，学分表示的是学习量，一个学分相当于10小时国家学习时间，学习量上分为三种：认证（1~12学分）、证书（13~36学分）、文凭（37学分及以上）；级别分为9级，难度上从入门级到第8级。每种资格都包括自己的"组合规则"（Rules of Combination，简称"ROC"），详细规定了获得该资格所需要的学习单元[②]。

英国英格兰地区颁发的职教教师资格证书名目繁多，有上千种。不同机构颁发的职教教师资格证书的名称、水平等级等有差别。特别是高等教育机构，在职教教师资格证书的认证和颁发方面具有一定的自治性。2013年，英国学习和技能提升服务部门（后由教育与培训基金组织取代）列出了英格兰地区继续教育与技能部门的教学与培训资格，根据资格学分框架的水平等级结构，将职教教师资格证书大致归纳为认证、证书、文凭、高级文凭、专门文凭。

1.教育与培训认证

获得教育与培训认证（Award in Education and Training，水平3或4）需要完成1~2周的短期课程，课程内容包括教学导论、课程规划和教学实践等方面，通常在继续教育学院中开展，由颁证机构认证并颁发该资格。

2.教育与培训证书

获得教育与培训证书（Certificate in Education and Training，水平4或5）需要完成6个月的短期课程，主要面向从事培训的学员（课程开发和设计除外），通常在继续教育学院中开展，由颁证机构认证并颁发该资格。

① 英国资格与考试管理办公室（The Office of Qualifications and Examinations Regulation）于2015年9月发布了一个新的资格框架：规范资格框架（Regulated Qualifications Framework，简称"RQF"），用于代替延续七年之久的资格学分框架（QCF）。目前，RQF已于2015年10月1日开始正式实施，QCF已在2015年9月30号被终止。RQF将入门级分为三个水平，因此一共11个等级。

② 石伟平.比较职业教育[M].北京：高等教育出版社，2012：21.

3. 教育与培训文凭

获得教育与培训文凭（Diploma in Education and Training，水平5）需要完成两年的在职非全日制的课程，课程内容与面向义务教育阶段后的研究生教育证书（PGCE for Post-compulsory Education，简称“PGCE”）课程和教育证书（Certificate of Education for Post-compulsory Education，简称“Cert Ed”）课程内容相似。通常在继续教育学院和私立培训机构中开展，由颁证机构认证并颁发该资格。

4. 高级文凭

高级文凭（Higher Diplomas）指的是由高等教育机构颁发的面向义务教育阶段后的职教教师资格证书，包括研究生教育证书和教育证书（PGCE和Cert Ed，水平6或7）。研究生教育证书课程是指在获得第一学位后还需完成一年的研究生课程，而教育证书课程是本科层次的课程。两类资格课程通常在大学中开展并获得认证，也可通过高等教育机构授权或合作的形式在继续教育学院中开展。研究生教育证书课程通常为一年的全日制课程，也可是非全日制或远程教育课程，大学中的研究生教育证书课程通常是职前教育课程，而在被授权的继续教育学院中开展的主要是在职培训课程；教育证书课程主要是面向在职培训，授课形式为非全日制，通常持续时间1~3年不等。

5. 专门文凭

专门文凭（Specialist Diplomas）通常指英语/其他语种者的英语、数学、特殊教育教学方面的教师资格证书（Specialist Diplomas in English Literacy/ESOL， Numeracy or Teaching Disabled Learners，水平6或7）。该类证书课程所培养的教学技能与研究生教育证书和教育证书课程一致，但还包括英语、数学和特殊教育的教学模块。

（二）资格认证的机构

在英国，一些非官方的专业组织和团体是职教教师资格认证的主要机构。英国只有颁证机构（Awarding Organisation，简称“AO”）和高等教育机构能够认证并颁发职教教师资格证书。目前，英格兰地区有许多家颁证机构和高等教育机构颁发上千种职教教师资格证书，根据资格学分框架的水平等级结构，可大致归纳为上述五类。表3-3列举了2012—2013年度英格兰地区颁发职教教师资格证书的颁证机构和高等教育机构数。显然，颁证机构主要颁发认证和证书，高等教育机构主要颁发文凭、高级文凭和专门文凭。

表3-3 2012—2013年度英格兰地区颁发职教教师资格证书情况

证书类型	颁证机构数（家）	高等教育机构数（家）	小计（家）
教育与培训认证	37	2	39
教育与培训证书	25	15	40
教育与培训文凭	14	23	37
高级文凭（研究生教育证书和教育证书）	0	37	37
专门文凭（英语/其他语种者的英语）	4	16	20
专门文凭（数学）	3	13	16
专门文凭（特殊教育）	2	3	5

1. 颁证机构

资格学分框架下的资格证书必须由英国一个颁证机构认可。英国有超过100家颁证机构，大多是慈善、非营利机构，少数是商业企业。一些机构在全球开展业务，颁发英国和定制的资格证书。英国最大的也是全世界最知名的四家颁证机构分别是培生爱德思（Pearson Edexcel），英国伦敦城市行业协会（City and Guilds），牛津、剑桥和皇家艺术协会考试委员会（OCR），以及苏格兰资格管理委员会（Scottish Qualifications Authority，简称“SQA”）。

颁证机构获得管理机构的承认，颁发国家认可的资格证书。它们的主要职责是确保资格证书的标准维持在特定的水平级别。每一个颁证机构均有一个管理委员会，被授权以确保该职责得以履行。颁证机构开发和执行资格证书的规范，对所有资格证书进行评定和认证，处理和公布结果，以及颁发证书给学校、学院以及获批提供自己证书的企业。每个颁证机构有责任维护其资格的真实性，包括对学习者的评估提供恰当的安全措施，为资格证书教学的教师提供支持和培训。

在职教教师资格证书的认证方面，颁证机构需根据资格学分框架中的资格等级名称、单元模块、组合规则及相关指南来开发并认证相应的职教教师资格证书，由英国资格与考试管理办公室（Office of Qualifications and Examinations Regulation）监督管理。获得资格与考试管理办公室的认可能帮助颁证机构提高它们资格证书的市场认可度。

目前，英格兰地区有37家颁证机构颁发职教教师资格证书。表3-4列举了2013—2014年度主要颁证机构所颁发的认证、证书、文凭数。可见，约67%的非高等教育机构颁发的职教教师资格证书由英国伦敦城市行业协会（City and Guilds）和培生教育集团（Pearson Education Ltd）颁发，这充分反映了这两大机构在成人的颁证机构资格市场中的重要地位。另外，虽然许多颁证机构颁发文凭，但事实上，2013—2014年度只有6家颁证机构［伦敦城市行业协会，培生教育集团，牛津、剑桥和皇家艺术协会考试委员会，爱森蒂斯（Ascentis），剑桥英语考试委员会（Cambridge English Language Assessment），三一学院考试委员会（Trinity College London）］颁发文凭，颁发证书的颁证机构只有9家。

表3-4　2013—2014年度英国颁证机构颁发的职教教师资格证书数[①]

颁证机构	认证数（个）	证书数（个）	文凭数（个）	小计（个）	颁发数占总数的百分比
伦敦城市行业协会（City and Guilds）	14 040	1 165	1 110	16 315	44.15%
培生教育集团（Pearson Education Ltd）	4 975	3 035	280	8 290	22.44%
牛津、剑桥和皇家艺术协会考试委员会（OCR）	1 620	180	530	2 330	6.31%

① 鉴于信息掌握的有限性，表中颁证机构名称的中文翻译不一定完全准确。

续表

颁证机构	认证数（个）	证书数（个）	文凭数（个）	小计（个）	颁发数占总数的百分比
海菲尔德颁证机构（Highfield Awarding Body for Compliance）	1 860	0	0	1 860	5.03%
爱森蒂斯（Ascentis）	1 475	40	170	1 685	4.56%
培生 EDI（Pearson EDI）	1 275	245	0	1 520	4.11%
北方继续教育委员会（NCFE）	1 090	50	0	1 140	3.09%
特许环境卫生协会（Chartered Institute of Environmental Health）	1 050	0	0	1 050	2.84%
国家开放大学网络（NOCN）	850	10	0	860	2.33%
未来（认证与资格）集团［Future（Awards and Qualifications）Ltd］	625	5	0	630	1.71%
剑桥英语考试委员会（Cambridge English Language Assessment）	425	0	15	440	1.19%
三一学院考试委员会（Trinity College London）	90	0	50	140	0.38%
第一运动资格（1st4sport Qualifications）	120	0	0	120	0.32%
艾克蒂伍 IQ（Active IQ）	115	0	0	115	0.31%
职业培训慈善信托（VTCT）	100	5	0	105	0.28%
产业资格（Industry Qualifications）	100	0	0	100	0.27%

续表

颁证机构	认证数（个）	证书数（个）	文凭数（个）	小计（个）	颁发数占总数的百分比
中央YMCA资格（Central YMCA Qualifications）	85	0	0	85	0.23%
开放认证（Open Awards）	70	0	0	70	0.19%
目标认证（AIM Awards）	25	0	0	25	0.07%
安全培训认证（Safety Training Awards）	25	0	0	25	0.07%
业余游泳协会（Amateur Swimming Association）	20	0	0	20	0.05%
雷射学习认证（Laser Learning Awards）	15	0	0	15	0.04%
第一ITC（ITC First）	10	0	0	10	0.03%
小计	30 060	4 735	2 155	36 950	100.00%

2. 高等教育机构

英国高等教育机构不需要按照上述颁证机构的要求和规则来开发并认证资格证书，但需要开发与资格学分框架中的资格一样规模和等级的资格证书，且要涵盖相同内容并满足相同教学实践要求。教师资格证书由高等教育机构颁发并赋予其法律效力，且必须遵照高等教育资格框架（Framework for Higher Education Qualifications，简称“FHEQ”）的要求。

英国不同的高等教育机构颁发的职教教师资格证书数量差别非常大，高等教育机构颁发的职教教师资格证书非常分散。根据2012—2013年度的数据显示，只有一所高等教育机构（哈德斯菲尔德大学）颁发的证书数量超过了总数量的20%，将近60%（22所）的高等教育机构所颁发的证书数量只占到总数的1%~6%（见图3-1）。

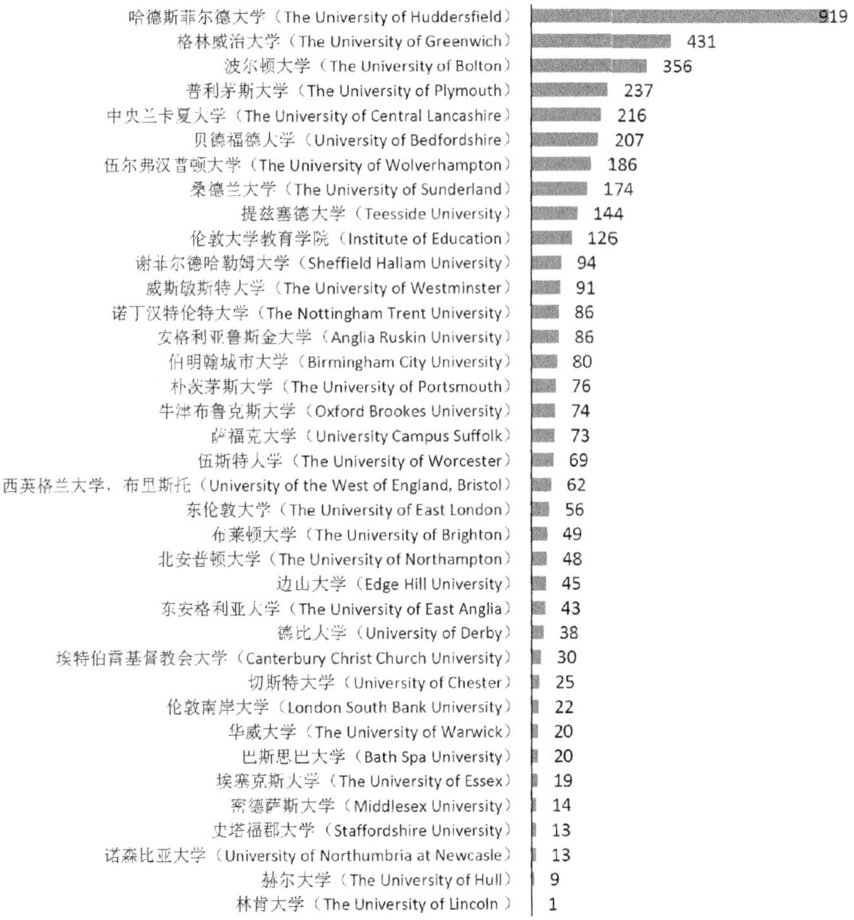

图3-1　2012—2013年度英国高等教育机构颁发的职教教师资格证书数（个）

（三）资格认证的程序与要求

从英国职教教师资格的类别和内容来看，英国职教师资培养课程是职教教师资格证书课程，即准教师必须学习相应的资格课程，通过课程的学习并考核合格后，才能获得职教教师资格证书。因此，资格的认证则主要体现在课程学习的入学评估和课程结业的考核上。

英国自2012年以后开始不对职教教师资格做强制性规定，因此，关于教育和培训的水平3认证、水平4证书或者水平5文凭等没有一个全国性的详细入学要求。然而，所有为了拿到水平4或者水平5资格证书而接受培训的老师需要参加一个最初的评估，这个评估是关于他们个人的英语、数学等能力的。而在水平5的教师资格文凭课程中，受训教师为了参加教英语（读写能力和/或者其他语种者的英语课程）或者数学（数字能力）的课程单元，将酌情需要证明他们具备水平3的英语或者数学能力。颁证机构和高等教育机构可能会有自己的入学需求，如某些师资培养机构可能要求准教师申请时递交专业领域技能的证明材料，高等教育机构则要求申请研究生教育证书课程的准教师要具有学位或者与学位等同的资格作为入学需求。在课程结业的考核上，各颁证机构和高等教育机构的要求不尽相同。

以英国伍尔弗汉普顿大学（University of Wolverhampton）为例，该校的教育证书（Cert Ed）课程（在职课程）的入学条件为申请人具有英语和数学的水平2资格，以及所教专业领域的水平3及以上资格；专业教育证书（Prof Grad）课程（在职课程）的入学条件为申请人具有英语和数学的水平2资格，以及所教专业领域的学位资格；研究生教育证书（PGCE）课程（职前课程）的入学条件为申请人具有英语和数学的水平2资格，以及所教专业领域的优秀学位资格。在课程结业考核方面，每个模块都会有具体的考核方式，包括课堂观察、报告陈述、撰写报告等。其中，以教育证书/专业教育证书课程为例，课堂观察是重要的考核方式之一，学生在两年的课程学习中，每年需要接受4次课堂观察评价，评价方可来自大学或学院的导师、工作场所中的导师以及同事等。而只有通过了所有模块的学习，大学才能颁发学生相应水平等级的教师资格证书。

三、英国职教师资培养的课程设置

（一）开设课程的机构

目前，英格兰地区有829家机构开设职教初始教师教育课程，包括39家高等教育机构、340家继续教育学院、340家私立培训机构以及110家成人与社区学习机构。表3-5列举了2014—2015年度开展不同职教教师资格证书课程的师资培养机构数，以及对应的学习者占该类课程总人数的百分比（2013—2014年度）。可见，职教教师教育与培训认证课程是开展最广泛的课程，2014—2015年度共有795家培养机构开设此类课程；近95%的高等教育机构（37家）和一半以上的继续教育学院（197家）开设教育与培训文凭或高级文凭课程。

表3-5 英国开展不同课程的职教师资培养机构数（家）和学习者所占百分比

机构类型	开设初始教师教育课程机构数(百分比)	开设认证课程的机构数（百分比）	开设证书课程的机构数（百分比）	开设文凭或高级文凭课程的机构数（百分比）
高等教育机构	39(4%)	5(<1%)	15(3%)	37(26%)
继续教育学院	340(61%)	340(56%)	107(80%)	197(66%)
私立培训机构	340(23%)	340(29%)	31(9%)	22(8%)
成人与社区学习机构	110(12%)	110(15%)	11(8%)	8(<1%)
总　计	829(100%)	795(100%)	164(100%)	264(100%)

1.高等教育机构

由表3-5可见，高等教育机构（39家中有37家）主要开设教育与培训文凭和高级文凭课程。然而，高等教育机构所开设的该类课程的水平等级有所不同。其中，23家高等教育机构开设水平5的教师培训课程,26家高等教育机构开设水平6本科层次的课程,27家高等教育机构开设水平7硕士层次的课程。

除高等教育机构可以自己独立开设职教师资培养课程外，其他机构都必须获得颁证机构或者高等教育机构的授权。因此，高等教育机构通过授权的形式开设职教教师培养课程的情况非常普遍。根据英国高等教育统计局（Higher Education Statistics Agency，简称“HESA”）的数据显示（见图3-2），2012—2013年度，37家高等教育机构中，有29家高等教育机构授权其他职教师资培养单位开设文凭或高级文凭课程。但大多数高等教育机构只授权1~2家单位，这是因为通常高等教育机构旨在和别的师资培养单位建立长期的合作关系，如果授权机构太多则难以维持。高等教育机构通常只授权普通职教教师资格课程而非专门文凭课程，只有两家高等教育机构授权一类专门文凭课程。这可能是因为对此类资格课程的需求不多，同时继续教育学院难以招聘到能够教授此类资格课程的师资。

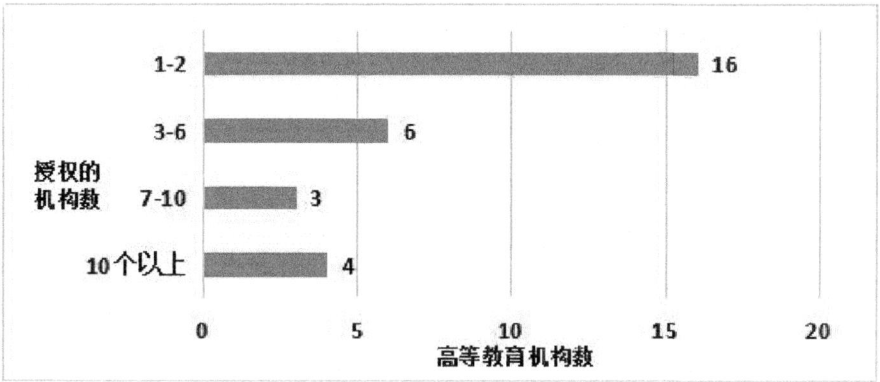

图3-2　英国授权开展职教师资培养课程的高等教育机构数（家）

2. 继续教育学院

由表3-5可见，开设职教初始教师教育课程的主体是继续教育学院。总体来说，有61%的学习者在继续教育学院接受职教初始教师教育课程，其中，56%的教育与培训认证课程学习者、80%的教育与培训证书课程学习者以及66%的教育与培训文凭或高级文凭学习者都在继续教育学院中接受培训。绝大多数（约90%）的普通继续教育学院①都开设教育与培训文凭或高级文凭课程，它们可通过高等教育机构授权或者颁证机构认证的方式来开展。继续教育学院开设此类课程最直接的原因在于用于学院内部职教师资的培养，可为当地的其他学院或私立培训机构的师资培养提供服务。通常情况下，开设教育与培训文凭或高级文凭课程的继续教育学院的规模更大，此类继续教育学院的平均注册生数为5 877人，比整个继续教育学院注册生数的平均值多34%，这反映了大规模的继续教育学院有可能从自身提供的职教师资培训中获得收益。另外，从教育、儿童服务与技能标准办公室的教学评估结果来看，开设初始职教教师教育课程的继续教育学院的评估结果比同类学院要稍好一些。

3. 私立培训机构和成人与社区学习机构

相比继续教育学院，私立培训机构提供初始教师教育课程的目的主要为了获得商业利益，而非培养自己的师资。当然，大型私立培训机构也能从培养自己的师资方面看到收益。而大多数成人与社区学习机构主要提供认证课程，很少会提供证书或者文凭课程。这反映在成人与社区学习机构中，为兼职教师提供入职的认证课程是非常普遍的，同时反映了基于社区的认证课程的需求。

（二）课程开展的形式

从开课时间来看，经颁证机构所认证的初始教师教育课程通常会在一整年的时间里开班授课。经高等教育机构认证的初始教师教育课程通常会在每年的九月份开学，职前培训课程也可能会在二月的时候进行二次招生。如果职前培训机构开设一系列模块式的资格课程，则可能需要在每一年不同的时间段开课。

从课程开展的形式来看（见图3-3），2014—2015年度，81%的课程是非

① 普通继续教育学院（General Further Education College，简称“GFE”）是英国继续教育学院的主体。在统计口径上，除此之外，继续教育学院涵盖第三级学院（Tertiary College）和第六级学院（Sixth Form College）。

全日制课程（而非学习者人数的比例）。认证课程基本上以非全日制的形式开展，证书课程和文凭课程也主要是非全日制课程。继续教育部门中75%的文凭或高级文凭课程，以及高等教育机构中52%的教师教育课程均是在职教师教育课程，这反映了学习者在职参加培训的需求。混合和远程教育的形式相对较少，有一些私立培训机构会提供在线培训课程，另外，有一所大学开设了面向在职教师的在线学习课程。

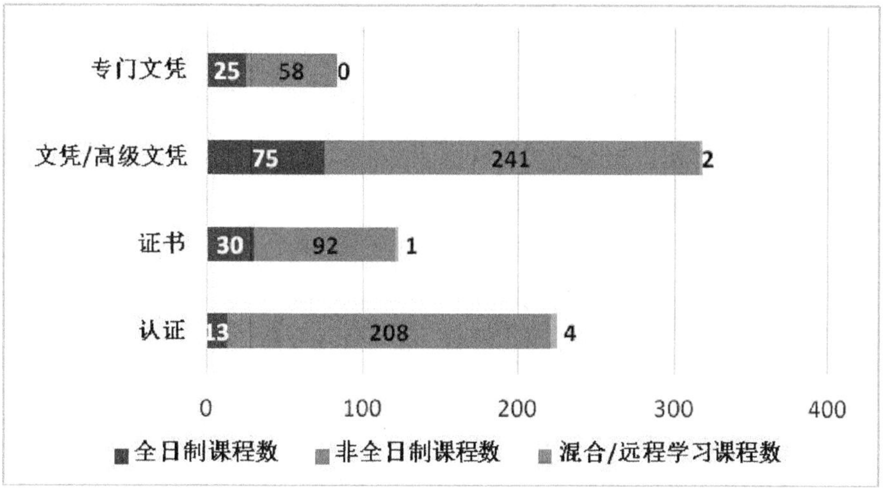

图3-3　2014—2015年度英国职教教师资格证书课程的开展形式

（三）课程模块与内容

除高等教育机构可以自己认证职教师资培养课程外，其他机构必须获得颁证机构或者高等教育机构的授权。可见，高等教育机构是英国职教师资培养的重要组成部分。英国伍尔弗汉普顿大学开设了职教教师教育证书/专业教育证书（Cert Ed/Professional Graduate Certificate in Education，简称“Prof Grad”）课程和研究生教育证书（PGCE）课程，颇具代表性。职教教师教育证书/专业教育证书和研究生教育证书对应于资格学分框架（QCF）和高等教育资格框架（FHEQ）中不同的水平层级（见表3-6）。笔者以英国伍尔弗汉普顿大学为例，阐释英国职教师资培养的课程模块与内容。

表3-6 英国伍尔弗汉普顿大学职教教师学历资格和颁证机构的对应关系

层　级	学历资格	颁证机构
入门级	入门级的资格，如基础技能	学院
1	国家职业资格证书1级，普通中等教育证书(GCSE)：从D到G级，基础文凭	学院和学校
2	国家职业资格证书2级，5门普通中等教育证书(A* 到 C级)，中等文凭	学院和学校 (通常招收16岁学生)
3	国家职业资格证书3级，A水平考试，高等文凭	学院和学校 (通常招收18岁学生)
4	高等教育资格证书，如国家高级资格证书	学院和大学
5 Cert Ed	国家高级文凭，初级学位	学院和大学
6 Prof Grad PGCE	学士学位	大学和学院
7	硕士学位，专业硕士资格证书；	大学和部分学院
8	博士学位	大学

1.教育证书/专业教育证书课程

英国伍尔弗汉普顿大学的教育证书/专业教育证书课程是在职培训课程，针对的是已在继续教育部门中获得教职且想通过非全日制学习获得证书的学员。两种证书的课程内容一致，学习期限为两年，区别在于学员是否已获得学士学位。教育证书针对的是没有学士学位的学员，培训第一年相当于资格学分框架中的水平4（即学士学位学习的第一年），第二年相当于水平5（即学士学位学习的第二年）；专业教育证书针对的是已有学士学位的学员，培训第一年相当于资格学分框架中的水平5（即学士学位学习的第二年），第二年相当于水平6（即学士学位学习的最后一年）（见图3-4）。

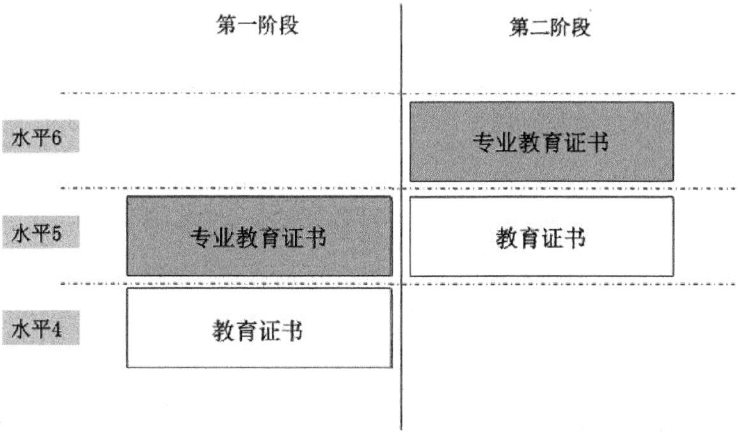

图3-4　英国伍尔弗汉普顿大学教育证书/专业教育证书与QCF的对应关系

该类课程共有6个模块，每个模块均占20学分（见图3-5）。

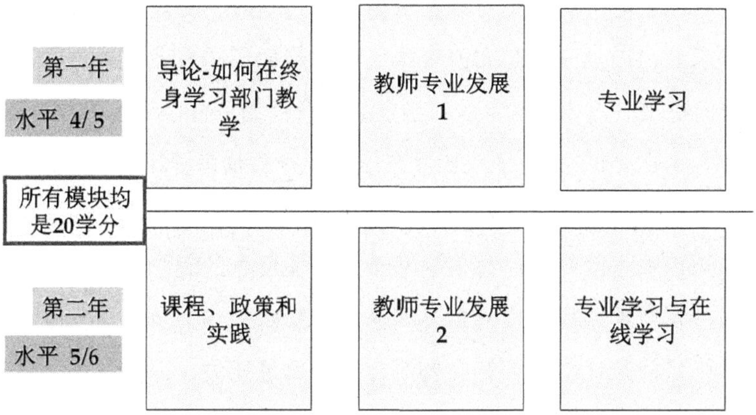

图3-5　英国伍尔弗汉普顿大学教育证书/专业教育证书课程模块

第一年的培训学习共有3个课程模块，包括：

①导论——如何在终身学习部门教学：这个模块为学员探索学习本质、个人学习方式，如何评价学习以及教师如何使这些过程成为可能提供机会。同时，该模块将使学员能够探索包括课程计划和实施、学习评价和教学评估在内的影响学习的因素。

②教师专业发展1：这个模块旨在面向义务后教育领域的在职教师，为他

们在各自的专业领域提供发展和提升其与教学和学习经验方方面面相关的教育技能和知识水平的机会。该模块基于批判性反思的理念，主要目标是促使教师能够批判性地回顾和提升自己与他人在实践中作为反思性实践参与者的发展。

③专业学习：这个模块通过个人商讨式的学习，为学员在特定专业领域中探索重要的教育问题提供机会。当然，学员需要在特定专业领域确定一个具有挑战性的教育问题，并寻求与从事特定学习领域的同事讨论的机会，充分利用关于特定主题的教学观察机会，访问特定主题的资源库和网站。

第二年的培训学习也有3个课程模块，具体包括：

①课程、政策和实践：这个模块旨在对义务后教育领域中更为广泛的社会、政治、经济和文化背景进行“拷问”，它将基于当前的义务后教育政策，批判性地回顾当前政府政策对该领域的影响。同时，帮助学习者探索当代政治思想和规划，以及它们是如何直接地影响着他们的专业实践。学习者将有机会在他们特定的专业背景下，对当前的教育计划进行小规模的教育研究。

②教师专业发展2：这个模块旨在面向义务后教育领域的在职教师，为他们在各自的专业领域提供发展和提升其与教学和学习经验方方面面相关的教育技能和知识水平的机会。该模块基于批判性反思的理念，主要目标是促使教师能够批判性地回顾与提升自己和他人在实践中作为反思性实践参与者的发展。最终目标是让他们拥有必要的分析和反思能力，以使其能够继续努力地成为他们可以成为的最好的老师。

③专业学习与在线学习：这个模块探索和评估技术在目前义务后教育领域中学生的学科特长尤其是学科障碍方面是如何使用的，及其技术在当前教学和学习中使用的影响和促进因素。学员将为特定的学生群体设计和创建一个结构化的资源包，并且用于专业教学和学习工具评价包的使用。

2.研究生教育证书课程

英国伍尔弗汉普顿大学的研究生教育证书课程是职前教育课程，学员通过全日制学习完成相关课程后获得证书，进而在继续教育部门找到教职。该类课程学习期限为一年，证书水平相当于资格学分框架中的水平6和水平7之间，即学士学位与硕士学位水平之间。该类课程共有6个模块，每个模块均占20学分（见图3-6）。

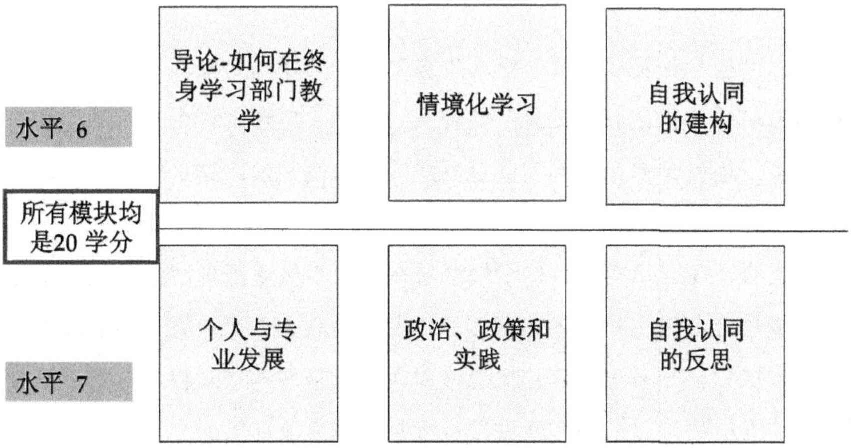

图3-6　英国伍尔弗汉普顿大学研究生教育证书课程模块

①导论——如何在终身学习部门教学：这是一个介绍性的模块。因此，将引进一批在整个课程中加以探讨的，涉及教育与培训部门的教师专业标准（2014年）的关键主题。这个模块关注的是职业角色、职责和人际关系。这包括识别一些不同的政策和行业监管要求。学习者开始参与终身学习部门中不同情境和课程。该模块将推出一系列教学、学习、评估和反馈的策略。学习者将开始培养独立思考的能力，反思性实践是PGCE课程的核心。

②情境化学习：本模块的重点在于开发特定专业的学习资源。学习者将评估一系列学习资源，并考虑学科教育学、21世纪学习者的包容性和差异化的学习需求。学习者评估作为一种反馈实践工具的重要性以及保证持续的个人专业发展也同样在考虑范围之内。反馈实践与合作是此模块至关重要的部分。此模块内容与2014年颁布的《教育与培训部门的教师专业标准（英格兰地区）》相关联。

③自我认同的建构：本模块与“自我认同的反思”及“个人与专业发展”

一起，形成PGCE的核心内容，能帮助新教师在计划、教学、评估学习及发展反思性实践技能等方面打下基础，并为他们在终身教育领域的工作做好准备。本模块持续使用大学中的电子档案袋——PebblePad，帮助教学、学习与评估。

④个人与专业发展：这个模块贯穿于整个学期作为模块“自我认同的构建”与模块“自我认同的反思”的补充。它不仅包含制订个人行动计划的实用性元素，还包含诸如批判实践后反思的理论性元素。这个模块持续使用大学的电子档案系统，为教、学、评提供基础。

⑤政治、政策和实践：这个模块旨在帮助学员逐渐理解继续教育是如何被定位成具有全球化和市场化意义的政策话语。义务后教育领域的政策影响被进一步探索。一系列的理论概念被引入，以帮助学员对特定背景下形成的制度中的课程政策、战略和实践进行批判。该模块提供一个进行小规模的教育研究的框架。在进行文献综述后，学员根据实际研究设计并实施相应的教育研究。

⑥自我认同的反思：本模块与“自我认同的构建”及“个人与专业发展”一起，形成PGCE的核心内容，能帮助新教师在计划、教学、评估学习及发展反思性实践技能等方面打下基础，并为他们在终身教育领域的工作做好准备。

第三节　英国职教师资培养的主要特点

通过前面对英国职教师资培养的历史演变和基本要素的梳理，本节对英国职教师资培养的主要特点进行总结。

一、以雇主为导向

从英国职教师资培养的变革历程来看，政府对职教教师资格的法令要求经历了“尝试一强化一废止”的过程，最终还是将对职教教师资格要求的权力交给了雇主本身。

这体现了英国一直奉行的“雇主掌控标准”政策。这一策略是基于这样的信条，即政府无须直接负责，由雇主完全控制标准制订则可以提高行业培训的技术水平。保守党政府首先采纳了这种策略，随后1997年上台的工党政府仍旧沿用保守党政府奉行的这一准则。这样的准则同样反映在英国职教师资培养上。从最开始为继续教育学院教师制订专业标准的国家培训组织来看，它的成立是基于20世纪80年代末期特定行业中“行业指导机构”（LIBs）的迅速发展[①]。行业指导机构的职责是，在国家职业资格框架下，为各行业制订国家职业资格标准，到20世纪80年代末英国最终成立了160个行业指导机构。到20世纪90年代中期，为了更为有序地管理各个行业指导机构，英国政府成立了国家培训组织，并于1998年在英国主管国家教育与就业大臣的批准下成立了继续教育国家培训组织。而所有国家培训组织的委员会都是由高级雇主组成并相互协调的。显然，在这样的背景下，英国的雇主一开始对职教教师专业标准制订的参与度是极大的。虽然在近年的发展过程中，政府力量试图加大介入，对职教教师的培训市场加大监管，包括对职教教师专业标准的制订和教师资格的强制性要求等，但政府力量在和市场力量不断博弈的过程中，最终还是“让步”给雇主。随着2013年政府提出职教教师资格不再是必需，2014年职教教师的专业标准得到进一步简化。这些举措深刻表明，英国的职教教师培养市场中，雇主占主导地位，雇主可自行决定职教教师任职资格和教师的专业发展路径。

① RAGGATT P, WILLIAMS S. Governments markets and vocational qualifications[M]. London: Falmer Press, 1999.

二、成熟的授权体系

从英国职教师资培养体系来看，其重要的特点之一在于成熟的授权体系的建设，这主要是体现在资格认证的授权和课程开展实施的授权上。

首先，在资格认证方面，学员可选择任一培养机构，完成相关课程后获得颁证机构和高等教育机构颁发的教师资格证书，成为一名“合格的”职教教师。虽然英国有上千种不同名目的职教教师资格证书，但英国政府将资格认证的职能授权给了“专业组织”，即只有颁证机构和高等教育机构具备颁发职教教师资格证书的资格。英国政府通过将职教教师资格证书的开发和颁发授权给了颁证机构和高等教育机构两大“专业机构”，这就在促进职教教师资格证书“市场化”的同时体现了资格证书的“专业化”管理。

其次，在课程开展方面，英国职教教师教育课程主要在高等教育机构、继续教育学院、私立培训机构以及成人与社区学习机构中开展，除高等教育机构可以自己认证职教师资培养课程外，其他机构都必须获得颁证机构或者高等教育机构的授权。而大多数高等教育机构会授权其他职教师资培养单位，如继续教育学院开设文凭或高级文凭课程（主要为在职培训课程）。可见，这种课程开展的授权体系的建设，可直接用于继续教育学院内部职教师资的培养。

三、开放式的职后培养途径

从英国职教师资培养的课程开展形式和资格认证要求来看，英国职教师资培养体现开放性的特点。

首先，在职（职后）培训是英国职教教师培养的主要途径，使得职教师资培养课程能更多地满足不同职教教师群体的需求。从课程开展的形式来看，81%的职教教师培养课程是非全日制课程（而非学习者人数的比例）。认证课程基本是以非全日制的形式开展的，证书课程和文凭课程主要是非全日制课程。继续教育部门中75%的文凭或高级文凭课程，以及高等教育机构中52%

的教师教育课程均是在职教师教育课程。从课程的学习人数来看，总体而言，72%的学习者选择在职培训课程，75%的高级文凭学习者以及85%以上的文凭学习者选择在职培训课程。然而，在职培训的比例在不同的师资培养机构会有所区别，如在高等教育机构授权的培养单位中，93%的学习者选择在职培训，而在高等教育机构里这一比例降到56%。

其次，不同课程项目的入学条件并没有全国性统一要求，由各个培养机构自行规定，这使得职教师资培养的课程能够面向更广泛的人群。显然，这种开放式的培养途径有利于职教教师VPCK的生成，职教教师通过参加在职培训课程，在边教边学的过程中加强对专业教学的理解。

四、宽泛通用的专业标准

随着英国政府对职教教师资格证书的法令要求经历了“尝试—强化—废止”的过程，英国职教教师专业标准的能力要求相应经历了“宽泛—细化—宽泛”的过程。如今，政府大大简化了职教教师专业标准的能力要求，且不对职教教师资格做强制性规定。专业标准只反映了继续教育部门中教学和培训的核心原则和基础能力标准，且不对不同部门、不同专业的标准进行区分。这使得该标准可以有多种不同的使用途径：教师和培训师能简单、个性化地运用该标准用于自身专业发展，师资培养单位可在规划、开发教师教育与培训时及雇主评估实习教师时使用该标准框架。可以说，这种宽泛、通用的职教教师专业标准反映了英国特色，政府只对职教师资的培养目标制订框架，而最终将该权力交给了雇主本身，体现职教师资培养的“市场化”机制。

从内容上看，虽然标准直接体现的是能力要求，但毫无疑问同时体现了相应的知识要求。其中，“专业理念与态度”维度中提到了“创新性地选择并运用能帮助学习者学习的策略”，“专业知识与理解”维度中提到了“利用研究或相关证据将有效实践的理论运用到教学、学习和评估中”，“专业能力”维度中提到了“满足学习者对数学和英语的需求，创造性地帮助个体克服学习困难”，等等。这些二级标准很好地体现了有关教学策略与表征的知识和学生理解的知识，即体现了VPCK的要求。

五、分层级的资格证书体系

英国政府对职教教师资格证书做出了一个框架性规定，要求职教教师资格证书的水平与资格学分框架的等级进行对应，建立了一个从水平3到水平7的纵向、分层级的职教教师资格证书体系。

该资格证书体系对不同水平教师资格证书课程的入学条件、培训形式、学习时限、学分要求、模块内容、适用对象等做出了框架性的规定，但颁证机构和高等教育机构在一定程度上有自己的规定，尤其是高等教育机构的自主性更大。教师可根据自身实际情况在高等教育机构、继续教育学院、私立培训机构以及成人与社区学习机构选择合适的教师资格证书课程，达到毕业要求后可直接获得相应水平层级的职教教师资格证书，雇主自行决定招聘时的资格证书用工要求。

可见，资格证书体系和课程体系两者紧密对应，这一层级式的职教教师资格证书体系直接“催生”了职教教师的资格证书课程体系的设计。

另外，需要指出的是，从资格认证的程序和要求来看，职教教师资格证书课程的入学条件，对专业领域的证书提出了要求，在认证考核方面，尤其强调了课堂观察的考核方式，即体现了对VPCK的考察和重视。

六、螺旋式的课程体系设计

在课程内容设置方面，英国的高等教育机构是唯一能对职教师资培养课程进行自我认证，并自行颁发职教教师资格证书的机构。因此，英国高等教育机构的职教师资培养课程设置具有一定的代表性。

英国职教教师培养课程是典型的资格证书课程，即课程内容的安排和设置是根据职教教师资格证书的层级来设计的。通过列举英国伍尔弗汉普顿大学职教师资培养的课程模块和内容，可以发现英国高等教育机构职教师资培养的课程体系呈现出螺旋式的结构设计特点：无论是教育证书/专业教育证书课程还是研究生教育证书课程，都注重了将职教师资培养中普遍的、基本的概念和原理作为课程的中心，对应不同的资格水平，编排连续性的课程模块，同时能使该课程的知识结构与学员的认知水平相统一，重视知识和能力的螺旋形成过程。

这主要体现在两个方面：一是学员的专业教学能力，两种证书课程都从专业教学技能和知识、专业教学问题、专业教学资源等方面设计进阶性的课程模块，注重学员专业领域教学能力的螺旋式发展，重视了VPCK的培养。这种模块设计体现了英国职教教师培养课程不分专业的特点，即所有专业(除了专门文凭课程，即英语/其他语种者的英语、数学、特殊教育教学方面)在同一个水平层级的课程模块设置都是一样的，只是在课程设置上设计“专业发展”模块，以培养各个专业领域教师的VPCK和专业教学能力。二是学员的反思性教学能力，反思性实践贯穿于证书课程的各模块中，是职教师资培养的核心，通过设置进阶性课程模块，学员反思性教学能力得到了逐步发展。

综上，根据英国职教师资培养的主要特点，同时运用第二章构建的分析模型，可试图建构英国职教师资培养的模型，见图3–7。

在这个模型中，职教师资培养的外部环境中（即外圈）的各个利益相关者，由雇主占据主导地位。在中圈的职教师资培养体系方面，呈现开放式职后培养为主的制度架构。内圈中，三大基本要素呈现以下关系：一是专业标准为课程设置提供了一定参照，职教师资培养机构均明确表示课程设置遵照专业标准内容；且专业标准内容还与职教教师资格内容进行对照，体现专业标准与资格认证之间的联系。专业标准虽与教师资格认证相关联，但独立于教师资格标准，且高于教师资格标准的要求，因此两者并非完全对应互动。二是资格认证与课程设置紧密对应，这是因为英国的职教师资培养课程是职教教师资格证书课程。

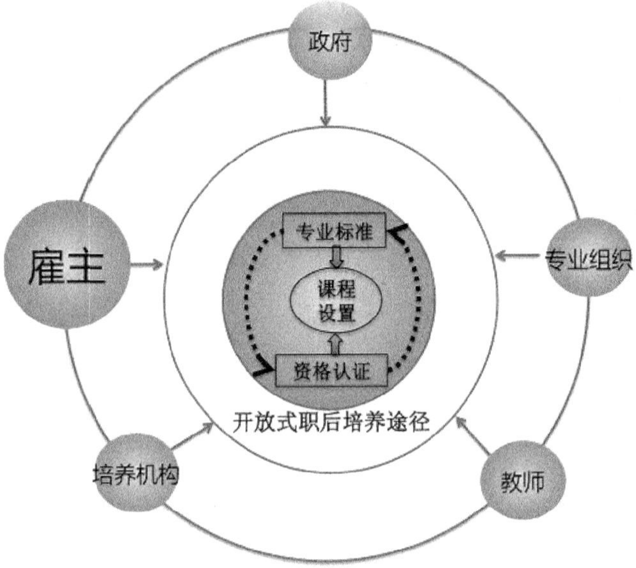

图 3-7　英国职教师资培养模型

// 本章小结

英国政府对职教师资培养的正式关注始于20世纪90年代后期。根据英国政府对职教教师资格和标准做出的法令性规定要求变化，本章将英国职教师资培养的历史演变分为地方自发阶段（20世纪90年代中期以前）、强制性规范化阶段（20世纪90年代中期—2011年）、专业化自觉阶段（2012年至今）。

目前，英国职教师资培养回到“雇主主导”的阶段。2014年英国教育与培训基金组织颁布了《教育与培训部门的教师专业标准（英格兰地区）》。该标准大大简化原来繁杂且不利于操作的标准内容，给职教师资培养提供了更大的空间。根据英国资格学分框架的水平等级结构，英国职教教师资格证书大致归为五类：认证、证书、文凭、高级文凭、专门文凭，建立了一个从水平3到水平7的纵向、分等级的职教教师资格证书体系。英国职教教师资格证书的名目众多，英国政府将资格认证的职能授权给颁证机构和高等教育机构两大“专业组织”。在具体的资格认证的程序和要求上，没有全国统一的规定。英国开展职教师资培养课程的机构主要有高等教育机构、继续教育学院、私立培训机构和成人与社区学习机构等，课程形式主要以在职课程为主，高等教育机构主要开设教育与培训文凭和高级文凭课程。

总体上，通过对英国职教师资培养历史演变和基本要素的梳理，发现英国职教师资培养的特点可以概括为：以雇主为导向，成熟的授权体系，开放式的职后培养途径、宽泛通用的专业标准，分层级的资格证书体系，螺旋式的课程体系设计。根据英国职教师资培养的主要特点，本章在最后构建了英国职教师资培养模型。

第四章 美国职教师资培养

美国是地方分权制国家，美国职教师资培养出现各州相对独立、各具特色的培养方式。随着美国职教师资培养专业化的发展，各种教师专业组织和团体积极发挥作用，参与职教师资专业标准制订和资格认定等教师培养活动。本章围绕美国职教师资的培养，首先梳理美国职教师资培养的历史演变，然后对美国职教师资培养的三个基本要素进行全面描述，最后总结美国职教师资培养的主要特点。

第一节　美国职教师资培养的历史演变

自20世纪20年代开始，主要是在美国，肇始于医学教育专业化的专业教育模式开始主导大学的人才培养。与此同时，在教师教育领域，人们开始广泛探讨教师专业教育，从而掀起了一股教师专业化的热潮[①]。美国职教师资的专业化培养要追溯到1917年《史密斯-休斯法案》（*Smith-Hughes Act*）的颁布。在此之前，美国职教师资的培养较为少见，且多为非正规化的。从20世纪20年代至今，美国联邦政府颁布了一系列法案来加强职教师资的培养。而随着近年来美国联邦政府对教育质量的控制和标准化改革运动的发展，各州政府针对职教教师的资格要求和专业标准在不断细化和完善，以加强职教师资队伍建设。

一、萌芽阶段（20世纪20年代以前）

16世纪到17世纪初的殖民地时期，美国的教育只是在家庭和私立学校中进行——通常是通过教会，或是以学徒培训的形式开展[②]。美国职教教师则要追溯到学徒制中的师傅。殖民地时期，学徒培训为学习者提供"全日制工作、在岗培训"，以及理论和工艺指导。学徒培训中，师傅和学生一对一互动。在这种体制中，学生的角色是模仿师傅所教的技能，师傅的角色则是指导学生掌握技能。除此之外，师傅还要为学生进行公民和道德教育。美国独立战争

① 荀渊，唐玉光．教师专业发展制度[M]．北京：教育科学出版社，2011：13.

② LYNCH R L, RUHLAND S K. Career and technical teaching and teacher education in the United States of America[M]//GROLLMANN P, RAUNER F. International perspectives on teachers and lecturers in technical and vocational education. Springer Netherlands, 2007: 277-306.

后，公共教育开始形成，这是因为当时的领导者意识到，新生的自由社会、民主管理的国家想要取得生存和发展，当务之急是让广大民众接受教育[①]。到了19世纪初，大量公立学校开始兴建，产生了对教师的大量需求。当时，招聘教师的唯一要求是他们具有特定的价值观和人们认可的道德品质。为了应对日益剧增的教师需求，1839年，时任马萨诸塞州教育局局长的贺拉斯·曼（Horace Mann）在列克星敦市建立了第一所培养教师的师范学校。随后，师范学校的理念迅速流行起来。师范学校的建立之初旨在培养小学教师[②]，虽然当时师范学校开设的课程内容较为狭隘，且挑选教师和培养教师的标准都较低，但是师范学校的建立确实从某种程度上提高了教师的质量，且推进了教师教育的改革进程。

与此同时，随着工业革命的发展，美国的文化和经济面貌发生巨大变化，几乎一夜之间，国家需要大量的劳动力来从事贸易和制造业的工作。工业革命使人类的生产方式发生了根本性变化，大规模的工厂生产取代个体手工工场生产，传统的学徒制已经不适应甚至阻碍了规模化的集体生产[③]。随着学徒制的逐步瓦解，一种为满足工业化需求的新的教育形式开始出现，即手工培训学校。手工培训运动（Manual Training Movement）是在美国南北战争后越来越工业化的社会背景下产生的，当时与日俱增的移民、妇女工人、贫穷和青年失业问题促成这项改革运动的兴起。1880年，密苏里州的圣路易斯市建立美国第一所手工培训学校（作为华盛顿大学的分部）。随后，伊利诺伊州的芝加哥市，路易斯安那州的新奥尔良市，俄亥俄州的托莱多布以及纽约州纷

① LYNCH R L, RUHLAND S K.Career and technical teaching and teacher education in the United States of America[M]//GROLLMANN P, RAUNER F.International perspectives on teachers and lecturers in technical and vocational education. Springer Netherlands, 2007: 277-306.

② FLETCHER E C, ZIRKLE C. Career and technical education's role in alternative teacher licensure[M]// Wang V C X. Definitive readings in the history, philosophy, theories and practice of career and technical education. Hangzhou: Zhejiang University Press, 2010: 84-102.

③ 石伟平.比较职业教育[M].北京:高等教育出版社,2012:173.

纷建立手工培训学校（Manual Training School）[①]。随后，手工培训运动迅速蔓延到普通公立教育。支持者们认为，手工培训能够构建传统课程学习和技能发展之间的桥梁，同时有利于生产培训中理论和实践的相结合。

然而，19世纪末和20世纪初的手工培训学校几乎没有什么职教教师的培训项目。手工培训学校挑选一些“实干家”来当教师，这是因为他们相信经过学术训练的教师无法指导职业课程[②]。学区通过当地招聘工匠来直接担任职教教师[③]。职教教师所接受的职业培训相差特别大，他们中大多数所接受的教师培训时间非常有限。

二、制度正规化阶段（20世纪20—80年代）

进入20世纪，教育和行业的领导者开始意识到，多样化的学生群体并没有受到能够为他们毕业后的生活做好准备的合适的教育。同时，随着技术工人短缺的问题日趋严重，产业领导者认为新的国家政策应当关注技能型劳动力的储备，并开始游说联邦政府为岗位培训和公立学校中的职教提供资金支持[④]。当时，一些国家组织与团体领导了这项为职教争取联邦政府资助的运动，如国家产业教育促进协会（National Society for the Promotion of Industrial

① LYNCH R L, RUHLAND S K.Career and technical teaching and teacher education in the United States of America[M]//GROLLMANN P, RAUNER F.International perspectives on teachers and lecturers in technical and vocational education. Springer Netherlands, 2007: 277-306.

② KLIEBARD H M.Schooled to work: vocationalism and the American curriculum, 1876—1946[M]. New York: Teachers College Press, 1999.

③ TWOMEY S M. The virtual teacher training center: a one-year program to transform subject-matter experts into licensed career and technical education teachers [J]. Journal of vocation education research, 2002(1): 151-173.

④ LYNCH R L, RUHLAND S K.Career and technical teaching and teacher education in the United States of America[M]//GROLLMANN P, RAUNER F.International perspectives on teachers and lecturers in technical and vocational education. Springer Netherlands, 2007: 277-306.

Education）和农业院校实验站协会（Association of Agricultural Colleges and Experiment Stations）。1914年，美国国会成立职教国家资助委员会（US Congressional Commission on National Aid to Vocational Education），该委员会向国会提交关于美国对熟练工人的需求情况、职教的需求与资助等问题的调研报告。委员会的调研结果直接促成了1917年《史密斯-休斯法案》的颁布，这是美国联邦政府首次通过立法来支持公立高中职教的发展，法案首次规定联邦政府要为农业、贸易和工业、家政这几个领域的高中层次的职教提供资助。

《史密斯-休斯法案》是第一部对职教教师培养提出给予联邦政府资助的法案。法案中第2、3、4节专门做出规定，联邦政府的资助要用于各州这些职教领域中的教师薪水和师资培养，从此美国职教教师的培养进入一个有国家制度可依的新时期。事实上，在《史密斯-休斯法案》颁布之前，围绕以何种方式来培养职教教师出现很多争议，影响最深刻的当属20世纪初期发生于普洛瑟职业主义阵营与杜威民主主义阵营之间的“普杜之辩”。一方面，时任美国联邦职教委员会（Federal Board of Vocational Education）第一任行政官普洛瑟（C. Prosser）认为，教师的行业经验与学生的学习效果是相互联系的，职教教师的行业经验越丰富，越能带来学生良好的学习成效。因此，职教教师的岗位经验与技能应受到关注与重视。普洛瑟还指出，职教教师的岗位技能与经验并不能通过普通大学中的课程与教育来培养，职教教师确实需要一些教师培训，但并不要求他们接受过大学层次的培训，他们的培训课程应与普通中小学教师的培训完全不同，并指出这些课程应当在州一级职教委员会的监控下进行。这为美国后来所形成的各州相对独立、各具特色的职教教师培养方式打下基础。另一方面，美国学术界诸多领域的权威人物杜威（J. Dewey）认为，教育应当为学生的终身学习做准备，以社会活动为中心。因此，教师需要通过普通教育课程和专业教育课程来培养，能够处理并理解不同情境下的学生活动。有趣的是，普洛瑟在家政和农业领域的职教教师培养方面持有不同的观点。他认为大部分男生已经在农场生活或工作过，并在高中阶段就已经学习农学的相关知识，女生已经在母亲和高中家政老师的指导下养成对家政学的兴趣、见识、操作和管理能力。因此，他认为，农学和家政学的教师可以由大学来培养，前提条件是他们已经在高中阶段就学习过农学和家政学方面的课程，并且具备在这些领域教学所需的经验、技能和知识[①]。

然而，由于《史密斯-休斯法案》由国会指定美国联邦职教委员会（Federal Board of Vocational Education）负责管理和监督，对于杜威而言，“不幸”的是，普洛瑟最终成了该法案的主要制订者[②]。普洛瑟参与该法案的制订过程，确保了职教教学和管理活动的相关资金支持，同时开启了职教和普通教育教学和教师教育的正式分离。该法案规定，只有具有实践工作经验的人员才允许在联邦政府资助的职教项目中教学。这是美国历史上首次对职教教师的资格做出规定，该法案的颁布使得教师的工作经验成了职教教师资格证书认证的重要内容。这种对行业经验的重视在贸易与工业、健康卫生领域的职教教师身上体现得尤为明显，与专业相关的岗位工作经验成了这些领域职教教师从教的基本资历。但并不是所有领域的职教教师都是如此，如农学、商学、家庭和消费科学、市场营销等领域的教师培养更倾向于杜威的理念，要求这些教师以在相关领域获得学士学位和接受专业教育课程这种传统的路径来获得教师资格证书，这四个领域的教师资格证书要求类似于数学、语言文学和科学这些学术课程的教师要求。

可以说，《史密斯-休斯法案》的颁布标志着美国职教师资的培养开始走向制度正规化。继《史密斯-休斯法案》以后，美国联邦政府出台一系列关于职教的法案，但深植于《史密斯-休斯法案》的“普洛瑟哲学”在随后50年的相关立法进程中都没有发生实质的改变。1963年，《职业教育法案》（*Voca-*

① LYNCH R L, RUHLAND S K. Career and technical teaching and teacher education in the United States of America[M]//GROLLMANN P, RAUNER F. International perspectives on teachers and lecturers in technical and vocational education. Springer Netherlands, 2007: 277-306.

② FINCH C R. School-to-work transition in the United States[J]. International journal of vocational education and training, 1997(1): 69-84.

tional Education Act）出台，首次将《史密斯-休斯法案》中职教的服务对象，即未能进入大学和不愿意继续学业的高中生，扩大到所有需要就业或再就业的人群①。之后，随着70年代美国失业率剧增和80年代“第三次产业革命”浪潮的推进，美国出台一系列关于职教的法案，体现了联邦政府对职教的重视和资助力度的不断加大，而将职教视为有别于学术教育的独立的体系这种理念，一直延续了下来。也就是在这样的背景下，职教教师培养的理念逐步形成。而《史密斯-休斯法案》中的“普洛瑟哲学”，被整合进美国大多数职教教师教育课程中②。很显然，“普洛瑟哲学”对美国职教师资培养体系的影响深远，在美国近百年的职教发展历史中，存在着双重师资培养路径，即通过接受学院或大学教育获得证书的“传统路径”和通过积累工作经验获得证书的“替代路径”，这两种路径在当今美国的职教师资培养中仍然存在。

三、质量提升和标准化阶段（20世纪80年代中期至今）

《史密斯-休斯法案》导致了美国很长一段时间职教与学术教育的分离，但这种分离没有缓解社会问题或改善该法案原先要解决的中等教育的问题。人们甚至认为，《史密斯-休斯法案》造成的教育哲学和社会需求之间的“鸿沟”使得情况更为糟糕。事实上，从80年代中期开始，美国就已经开始感觉到教育与培训质量的重要性了。1983年《国家处于危险之中》（*A Nation at Risk*）的报告就指出，美国正在逐渐失去国际竞争力，原因在很大程度上就是美国教育系统的低标准和不尽如人意的学习质量。该报告的发布引发美国关于如何提高学生学业要求和教师绩效的政策讨论，关注用系统的方法来监督学生学业成就的必要性。随后，美国掀起一场“基于标准的改革运动”（Standard-based Reform Movement）③。

---

① 关晶.美国中等职业教育的现状、特点与改革趋势[J].职教论坛，2009(21)：48.

② FINCH C R. Vocational teacher education in an era of change: the United States experience[J]. Australian journal of teacher education, 1998(2): 36-48.

③ 付强.基于标准的美国教育改革运动简论[J].青岛大学师范学院学报，2011(1)：25-29.

为了进一步提高职教的质量，1990年，美国政府颁布了《卡尔·帕金斯职业与应用技术教育法案》(*Carl D. Perkins Vocational and Applied Technology Education Act*)，即《帕金斯法案II》(*Perkins II*)，其立法的目的正是通过更充分地开发美国所有阶层的学术能力及职业能力，进一步提高美国的国际竞争力[①]。相比之前法案中"职教与学术教育的分离"的理念，《帕金斯法案II》支持学术教育与职教的整合。随后，1994年出台了《学校到工作机会法案》(*School-to-work Opportunities Act*)，标志着美国开展轰轰烈烈从学校到工作(School to Work，简称"STW")运动。1998年再次修订的《卡尔·帕金斯职业技术教育法案》(*Carl D. Perkins Vocational-Technical Education Act*)，即《帕金斯法案III》，也是对STW运动的支持。通过STW运动，美国希望建立起由学校本位学习、工作本位学习以及联系活动三大部分有机结合的综合性的劳动力开发与教育体系[②]。可以说，20世纪90年代这一系列法案的出台，揭示美国的职教更加明确地将重点放在质量的提升上，尤其强调学术教育与职教的整合。

1990年《帕金斯法案II》的出台对于职教教师质量的提高具有重要的意义。它意味着七十多年来《史密斯-休斯法案》中普洛瑟关于教育"双轨制"的哲学首次让步给"杜威哲学"，同样引发对职教教师教育的重新思考：职教教师教育该如何整合学术课程的内容，以便更好地满足目前和未来职教教师和学生的需求。同时，随着八十年代中后期联邦政府对教育质量的关注，提升教师的教学质量和标准成了这时期改革的重要内容。正是在这一背景下，美国于20世纪80年代末开始对教师的入职标准和在职标准的制订与实施[③]。而对教师标准的研究进一步推动随后职教教师专业标准的研究。如美国工业与技术教师培养者国家协会（National Association of Industrial and Technical Teacher Educators，简称"NAITTE"）下属的研究会于1995年制订《贸易与

①石伟平.比较职业教育[M].北京:高等教育出版社,2012:56.

②石伟平.比较职业教育[M].北京:高等教育出版社,2012:56.

③张治国.美国四大全国性教师专业标准的比较及其对我国的借鉴意义[J].外国教育研究,2009(10):34-38.

工业教育教师资格准备质量标准》(*Standards of Quality for the Preparation of the Certification of Trade and Industrial Education Teachers*),美国教师教育认证委员会(National Council for the Accreditation of Teacher Education,简称“NCATE”)制订技术教师培养标准(*Program for Initial Preparation of Teachers of Technology Education*)①,美国国家专业教学标准委员会(National Board for Professional Teaching Standards,简称“NBPTS”)的生涯与技术教育教师委员会于1994年开始研究制订《国家专业教学标准委员会生涯与技术教育专业标准:面向11—18岁以上学生的教师》(*NBPTS Career and Technical Education Standards for Teachers of Students Ages 11-18+*),于1997年批准实施②。除了上述教师专业组织外,各州政府纷纷着手制订各州的职教教师专业标准和教师资格认定方面的法律法规。然而,虽然这一时期帕金斯法案的颁布有利于提高职教教师的质量,但由于绝大比例的财政资金都用于当地学区的职教项目,也就导致教师教育课程财政资助的下降,各州层面的职教教师教育项目由于不充足的资金支持因而大幅减少③。虽然越来越多的学校参与这一时期的教育改革运动,但职教教师教育被认为是“停留在过去”,教师教育项目未能跟上新课程和新教学方法的要求④。

进入21世纪,美国联邦政府对教育质量的关注和改革力度继续加大。2002年,布什总统正式签署《不让一个孩子掉队法案》(*No Child Left Behind Act*)。该法案以提高学生学习成绩,缩小或消灭学生间学业成绩差距为宗旨,以标准化考试为工具,对美国基础教育进行改革。法案中的一项重要政策是引入了“高质量教师”的专业发展标准,试图通过提高教师素质的方式促进

① 陈祝林,徐朔,王建初.职教师资培养的国际比较[M].上海:同济大学出版社,2004:34.

② 和震,郭赫男.职业教育教师专业标准:美国经验与启示[J].天津大学学报(社会科学版),2013(3):241-246.

③ CAMP W G,HEATH-CAMP B. The status of CTE teachers education today. Techniques,2007(6):16-19.

④ FINCH C R. Vocational teacher education in an era of change: the United States experience[J]. Australian journal of teacher education,1998(2):36-48.

基础教育教学质量的改善[①]。该法案要求，所有教授核心学术课程内容的教师必须是“高度合格化的”，即要获得所教科目领域的教师资格证，获得学士学位，完成教师教育课程的要求，并且能通过标准化测验的方式展现该领域的能力[②]。虽然这项法案是针对基础教育领域的教师，但对职教教师产生了一定影响，有7个州（亚拉巴马州、亚利桑那州、路易斯安那州、密苏里州、蒙大拿州、俄克拉荷马州、南达科他州）对职教教师提出“高度合格化”的要求，但大多数州（43个州）表示并未对职教教师提出要求，因为他们不在核心学术课程领域教学。随后，2006年，美国总统签署了《卡尔·帕金斯生涯与技术教育修订案》（*Carl D. Perkins Career and Technical Education Improvement Act*），即《帕金斯法案IV》。该法案是一个由联邦拨款资助的计划，以帮助各州更加全面、充分地发展中等和中等后职教学生的学术和职业技能[③]。《帕金斯法案IV》规定，职教项目要支持《不让一个孩子掉队法案》要求的学术标准，这说明该法案使得人们意识到，职教教师教育和专业发展对于学生的成功来说是关键要素，因此，要求职教教师完成和核心学术课程内容、课堂实践相关的专业发展活动。同时，《帕金斯法案IV》强调促进专业人员从产业界到教师岗位的过渡，替代性路径的职教教师培养方式则反映了该法案的关注点。

近年，美国教育标准化的改革运动在持续“升温”。2010年，美国全国州长协会和各州教育长官委员会共同发布英语和数学学科标准，全称《共同核心州立标准》（*Common Core State Standards*，简称“*CCSS*”），旨在统一美国K-12年级课程标准，确保学生做好升学和就业的准备。可以说，在此之前，为应对严重的中小学教育质量问题而发起的“基于标准的改革运动”，各州根

① 赵风波，邵兴江．立法引领教师专业发展：美国《不让一个孩子掉队》的教师专业发展内涵、措施及影响分析[J]．比较教育研究，2009(5)：82-86.

② BURKE K.Teacher certification exams：what are the predictors of success? [J].College student journal，2005(4)：784-793.

③ 汤霓，石伟平．新职业主义视角下美国社区学院产教合作模式研究[J]．外国教育研究，2015(5)：58-68.

据自愿性原则建立各州标准。《共同核心州立标准》的颁布，标志着美国进入基于共同标准的课程改革时期。这一运动给职教发展带来契机，很多州和地方学区认为，职教有利于提高学生核心英语技能和数学技能、培养学生生涯期望和为学生提供生涯准备实践，因此《共同核心州立标准》的颁布将意味着学生学术知识和职业知识的进一步整合，即文化课与职业课的整合，再一次强调2006年《帕金斯法案Ⅳ》以来要求职教教师具备将学术知识整合进职业课程的能力。如，2010年俄勒冈州教师标准和实践委员会更新职教教师资格要求，新职教教师要求在三年内具备能够将英语和数学知识整合进职教课程中的能力。显然，《共同核心州立标准》的颁布，对职教教师的培养要求起到进一步的推动作用。随后，2012年，美国教育部在《帕金斯法案Ⅵ》的基础上，颁发《投资美国的未来：生涯与技术教育变革的蓝图》(*Investing in America's Future A Blueprint for Transforming Career and Technical Education*)文件。该文件对《帕金斯法案Ⅳ》的部分内容进行修订，其中，在职教师资培养方面，明确提出鼓励职教教师的聘用、专业发展和评价体系的运用，鼓励替代性路径的方式支持专业人员从工业界到职教教师岗位的过渡，与行业协会合作培养职教教师，确保职教教师工业界知识和技能的更新，同时鼓励现有职教教师的评价体系的运用，使用合适的标准化的方式来评价教师的有效性等。

纵览美国职教师资的培养发展历程，可以发现美国联邦政府是通过颁布一系列法案来加强职教师资的专业化培养。1917年《史密斯-休斯法案》的颁布标志着美国职教师资的培养开始走向制度正规化，教师教育自20世纪20年代开始，成了一门专业领域。自那以后，美国职教师资培养的双重体系开始形成。与整个教育制度的权力分配一致，美国更多地将职教教师资格证书的管理和教师标准的制订与执行的权力交给各州，并由各州根据该州教师资格的规定，执行相应的教师专业标准。在教师专业标准的制订上，教师似乎更愿意接受由非政府的专业组织制定的标准[①]。但随着八九十年代联邦政府和

① 荀渊，唐玉光．教师专业发展制度[M]．北京：教育科学出版社，2011：19.

州政府逐步加强对教育质量和教师教育的控制，政府开始强调对职教教师专业化的推动和制订相对统一的专业标准。尤其是八九十年代以来一系列的教育标准化运动，对职教教师提出的要求日渐增多。与此同时，近年来，各州职教教师短缺的问题日益严重，最近的帕金斯法案将职教师资的培养重点落在发展替代性路径上，鼓励工业界有丰富行业经验的职员去教授职教课程。如此一来，各州政府制订职教教师资格要求时不得不考虑平衡，既不可要求太高而成为招聘职教教师的障碍，又要保证职教教师的质量以提高职教教师的保留率。但总体而言，当今美国的趋势是要求各类职教教师在入职前就要获得一定的学位（最低要求是学士学位），或者是在职后一段时间内，如5~10年，获得学士或学士以上学位。同时，他们需接受一定的教师培训，可通过职前教师教育项目或当地学校、州教育部门资助的学校本位的培训项目来开展[①]。

第二节　美国职教师资培养的基本要素

美国职教师资培养的专业化肇始于1917年《史密斯-休斯法案》的颁布，到如今有约一百年的历史。本节则围绕专业标准、资格认证、课程设置三个基本要素，对美国职教师资培养的现状进行剖析，以便较为全面地把握美国职教师资培养专业化的形态。

① LYNCH R L，RUHLAND S K.Career and technical teaching and teacher education in the United States of America[M]//GROLLMANN P，RAUNER F.International perspectives on teachers and lecturers in technical and vocational education. Springer Netherlands，2007：277-306.

一、美国职教师资培养的专业标准

美国在20世纪五六十年代已经意识到教师自身的学术与技能水平对于提高教育质量的重要性，认为教师必须在教育上达到高标准，显示出他们教学的才能，并证明自己能够胜任所教学科。这推动了美国教育界对教师应当具有何种专业标准的探索与实践，美国的各类教师专业组织及州政府开始了对教师专业标准的研究和开发。

到目前为止，正如上文中所提到的，美国是一个地方分权制国家，美国各州形成相对独立的职教教师培养体系，各州制订州级范围的职教教师专业标准。除此之外，美国还建立了诸多教师专业组织，均提出了自己的全国性的职教教师专业标准。从标准的研究与实践来看，美国各州和教师专业组织制订的职教教师专业标准更倾向于教师资格标准，这为国家确立职教教师的资格制度，选择适当的师资培养内容，进而为提高职教师资质量提供重要的基础。

此处笔者以美国国家专业教学标准委员会和俄亥俄州政府制订的职教教师专业标准为例，阐释美国全国性和州层面的职教教师专业标准。

（一）国家专业教学标准委员会职教教师专业标准

“二战”后，美国为提高教师质量付出了很大的努力，建立了一些全国范围内的教师考核、认证机构等教师专业组织，如美国国家教师教育认证委员会（NCATE）、州际新教师评估与支持委员会（Interstate New Teacher Assessment and Support Consortium，简称“INTASC”）、国家专业教学标准委员会（NBPTS）、美国优质教师证书委员会（American Board for Certification of Teacher Excellence，简称“ABCTE”）。起初，不同的教师专业组织均提出了自己的教师专业标准，并不断更新和修正，因而人们对于教师究竟需要什么样的专业知识、专业技能、专业理念和专业态度等，观点不一。随后出现的教师专业组织之间的合作使得这一状况得到缓解，并且开始由一些相对权威的教师专业组织提供教师专业标准并持续对其进行修正①。

在上述美国四大教师专业组织中，国家教师教育认证委员会和国家专业教学标准委员会均设有职教教师专业标准。美国目前影响力最大的专门针对生涯与技术教育教师的专业标准则是由国家专业教学标准委员会开发的。②美国国家专业教学标准委员会是1987年成立的一个非营利性的、非党派的专业组织，由具有丰富实践经验的教师和他们的支持者创建并运作，其成立的目的在于促进美国教学的整体质量，并制订针对优秀教师（accomplished teacher）的专业标准。只有拥有学士学位、至少有三年以上的教学经验且持有地方性（州）教师执照的教师才能申请进行评估和认证。通过该组织认证的教师，是该教育领域内的优秀教师。实践表明，研究优秀教师专业标准和工作分析往往是研究教师入职标准和资格的开端。因此，研究美国优秀职教教师专业标准将更有直接意义③。

从1997年国家专业教学标准委员会颁布第一版针对优秀职教教师的专业标准后，到如今已经对所发布的优秀职教教师专业标准进行了数次修订，2015年颁布了该标准的第二版，即《国家专业教学标准委员会生涯与技术教育专业标准：面向11~18岁以上学生的教师（第二版）》［*NBPTS Career and Technical Education Standards for Teachers of Students Ages 11-18+ (2nd Edition)*］。生涯与技术教育教师标准委员会是制订与开发该优秀职教教师专业标准的主体，委员会由12~15名代表职教领域优秀教师的成员组成，大多数成员是经过国家专业教学标准委员会认证的教师，其他成员则是来自学术界的专家，包括教师培训者、研究者及相关领域的专家。委员会拟定好标准后，交由各教育团体征求意见及修改，最后再交董事会采纳并发布。该标准主要用来甄选优秀职教教师，同时作为国家专业教学标准委员会优秀职教教师资

---

① 荀渊，唐玉光.教师专业发展制度[M].北京：教育科学出版社，2011：13.

② 付雪凌，石伟平.美、澳、欧盟职业教育教师专业能力标准比较研究[J].比较教育研究，2010(12)：81-85.

③ 和震，郭赫男.职业教育教师专业标准：美国经验与启示[J].天津大学学报（社会科学版），2013(3)：241-246.

格认证的基础性文本。许多学校系统将该标准用于教师专业发展，而大学与学院将该优秀职教教师专业标准进行融合与吸收，用于本科与研究生教师教育培养项目中。

内容上看，该标准在探讨优秀职教教师“应知、应会”的同时，将职教教师的专业发展纳入关注范围之中。与上一版标准相比，第二版标准在内容与结构上均发生了变化。上一版本中的某些标准在第二版中被合并，第二版教师标准中新增一条“课程设计与管理”的标准。现行的第二版国家专业教学标准委员会职教教师标准中，对优秀的职教教师提出具体十条标准，见表4-1。

表4-1　美国《NBPTS生涯与技术教育教师标准（第二版）》主要内容①

一级标准	一级标准阐述	二级标准
学生知识	优秀教师对分别作为学习者和独立个体的学生有丰富而全面的理解和认识。重视学生多样化的学习方式和发展阶段，创造学习环境，进行差异教学，以满足所有学生的多样化需求	从整体的角度来看待学生，满足学生的学术需求，满足学生的专业需求
应对多样化	优秀教师创造公平、公正、尊重多样性的学习环境。他们进行全纳教学实践，倡导保证每个学生都能接受高质量的生涯与技术教育	

①表格中“应对多样化”“为中等后教育做准备”“专业领导能力”三个一级标准下并未逐项列出二级标准，但并非没有二级标准，而是用解释性语言进行描述。

续表

一级标准	一级标准阐述	二级标准
内容知识	优秀教师利用他们的技术与专业知识，以及他们跨学科的和教学的技能来开发课程目标，设计教学，促进学生学习，促进学生在各个行业领域内的成功	跨学科知识(包括英语语言艺术、历史与人文学科、数学、科学4个领域)，与产业相关的知识(包括商务、市场与金融服务，社区服务，装饰艺术与设计，工程、设计与制造，信息技术、通信与艺术，休闲与娱乐服务，自然资源，交通系统与服务8个领域)
学习环境与教学实践	优秀教师设计情境化的学习环境，在让学生为中等后教育与职业做好准备的同时，培养学生的批判性思考能力、创造能力、领导能力、团队合作能力以及沟通能力	在学习环境中的情境化教育，培养学生成为自主学习者，维护安全的学习环境，在职教课程中使用技术
评价	优秀教师设计并实施一系列有效且可靠的评价，让学生能够真实地反映他们的知识和技能水平，帮助他们建立目标，引导他们的技能和专业发展	设计有效的和可靠的评价方式，学会利用评价的数据
为中等后教育做准备	优秀教师帮助学生进行生涯探索和对知识与技能的习得，使学生能够做出使他们的兴趣和天资与行业的需求、期望和要求相匹配的生涯决策	

续表

一级标准	一级标准阐述	二级标准
课程设计与管理	优秀教师设计并促进与行业需求相对接的高质量的课程或项目。对相关材料和资源进行管理，以丰富课程和项目，并积累对学生有意义的教育经验	课程设计，课程管理
伙伴关系与合作	优秀教师与家庭、教育、行业和社区合作伙伴共同协作，在具有挑战性的真实世界中创造机会，同时支持能有助于学生规划、开发和完成他们生涯目标的网络建设	与家庭成员合作（欢迎家庭成员融入学习环境，扩大学生的支持网络），与教育和商务伙伴合作（提高课程质量，促进生涯探索和开发就业机会，将职教课程融入社区）
专业领导能力	优秀教师与学校和社区中的利益相关者合作，以改善教学，促进学生学习，并为自己在教学和工业界中所擅长的领域发声	
反思性实践	优秀教师对整个教学过程进行分析性反思，使用多层面的反馈增强自身教学的效力，加强反思性实践对学生发展的影响，并确立其对终身学习的重要意义	分析教学，促进专业成长，促进终身学习

整体上看，美国《国家专业教学标准委员会生涯与技术教育专业标准：面向11~18岁以上学生的教师（第二版）》在描述具体标准要求时并非采取能力标准的罗列式，而是用大段描述性的语言分析了具体要求。描述方式为标准提供了一个情境，包括教师如果履行标准需要知道什么和去做什么，细化包括教师对学生性格的描述，其独特的角色和职责，他们在一系列道德和知识环境下经常面对的立场问题等。另外，该标准注意处理教师专业标准的普遍性与特殊性问题，“内容知识”划分为跨学科知识和与产业相关的知识，在专业知识的能力模块中详细分析了各个专业领域教师应具备的知识和能力。

（二）俄亥俄州职教教师专业标准

除了这些教师专业组织所制订的适用范围广泛的职教教师专业标准外，美国各州在吸收各教师专业组织制定的标准基础上，结合本州的产业、经济、人口与教育的实际情况形成各州内施行的职教教师专业标准，为本州教师的培养和资格证书的颁发提供了依据。

以俄亥俄州为例，该州教育部门分别制订传统路径和替代路径的职教教师专业标准。在俄亥俄州，传统路径又称为路径A，替代路径又称为路径B[①]。2007年，俄亥俄州教育部门出台《俄亥俄州生涯技术教育教师资格标准（B路径）》（*Ohio Educator Licensure Standards for Career-Technical Education Route B Teacher Licensure*），该标准面向4年级及以上的职教教师，并于2010年更新和修订。2008年，该州教育部门相继出台传统路径（A路径）的职教教师专业标准，同样面向4年级及以上的职教教师，并于2010年进行更新和修订，分别是《俄亥俄州生涯技术教育教师资格标准（农业科学学士学位）》（*Ohio Educator Licensure Standards for Career-Technical Baccalaureate Agriscience*）、《俄亥俄州生涯技术教育教师资格标准（家庭和消费科学学士学位）》（*Ohio Educator Licensure Standards for Career-Technical Education Baccalaureate Family and Consumer Sciences Careers*）、《俄亥俄州生涯技术教育教师资格标准（市场营销

① 徐国庆.美国职业教育教师职业资格证书制度研究：以俄亥俄州为例[J].外国教育研究，2011（1）：90-96.

教育学士学位）》（*Ohio Educator Licensure Standards for Career-Technical Education Baccalaureate General Marketing Education Teacher Licensure*）、《俄亥俄州生涯技术教育教师资格标准（综合商务学士学位）》（*Ohio Educator Licensure Standards for Career- Technical Integrated Business teacher Licensure*）。

从内容上看，传统路径的职教教师专业标准区分不同的专业领域，注重专业标准的特殊性，而替代路径的职教教师专业标准并未再一次区分不同专业领域。另外，从目前美国职教教师的培养路径来看，75%的职教教师都选择替代路径而不是传统路径获得教师资格证。因此，此处笔者以《俄亥俄州生涯技术教育教师资格标准（B路径）》为例，来阐述州级职教教师专业标准的内容。

制订该标准的主体是由11名来自该州教育部门、公立和私立职教教师培养高等教育机构（包括大学和社区学院）的代表组成的咨询委员会。咨询委员会在系统参考其他各类标准后制订该标准，包括《全国产业与技术教师协会标准》（*National Association of Industrial and Technical Teacher Educators Standards*），美国教育考试服务中心（Educational Testing Service，简称"ETS"）的普瑞克西斯考试体系II、III（*PRAXIS II* and *PRAXIS III*）和Pathwise项目，《俄亥俄州基于绩效的教师资格标准》（*Ohio Performance-Based Teacher Licensure Standards*），《全国商务教师教育协会标准》（*National Association for Business Teacher Education Standards*），以及《全国家庭与消费科学教师教育协会标准》（*National Family and Consumer Sciences Teacher Education Standards*）。该标准是俄亥俄州替代路径职教教师资格标准，面向想通过替代路径获得职教教师资格证书的准教师们，通过基于该标准的资格认定即可获得该州颁发的职教教师资格证书，在该州4年级及以上的学校中教学。从内容上看，该标准仅有两级指标，一级标准分为6条，二级标准共33条具体能力标准（见表4-2）。

表4-2　美国《俄亥俄州生涯技术教育教师资格标准（B路径）》主要内容

一级标准	二级标准
标准一：候选人必须了解和应用教学策略，提升学生的学习能力，拓展学术机会，提高职业技术知识和技能发展	1. 候选人需要发展和实施教学策略以便适用于多种多样的学习风格、策略以及一些特殊情况 2. 候选人评估学生的先验知识与当前课程的关系，运用这些知识去设计教学和提供指导 3. 候选人探寻以工作实践为基础的学习机会（如工作见习、实习、学徒制和实地考察旅行）来丰富学生的学习 4. 候选人设计教学策略为学生提供经验学习 5. 候选人运用一系列的教学策略去满足所有学生的学习需求，以确保学生可以反思他们自己的学习目标 6. 候选人创造功能学习社区，在这里，学生学习为自己和他人承担责任，参与决策，团结协作，独立以及有目的地参与活动 7. 候选人激励学生理解当地、州和国家关于安全问题的法律，确保他们在工作中能识别出危险，同时提供正面积极的学校学习环境，以作为一个安全模型 8. 候选人提供以强化学术内容标准和制订课程计划的策略

续表

一级标准	二级标准
标准二：候选人提供差异化教学方法以适应学生学习风格、文化、社会经济状态的多样性以及班级里的特殊学生	1. 候选人对多样性的各个方面都要展示出欣赏的态度 1）候选人支持文化上适当的相互交流 2）候选人帮助学生消除烦恼，包括发生在学校、实验室以及工作场所的一些偏见和刻板印象 3）候选人能将学生的个人经验、先前学习、天赋、文化、家庭和社会价值观相联系，以作为一种提高学生学业表现的方式 2. 候选人帮助学生为工作或继续教育做准备时要明确立法和机构责任 3. 候选人能识别具有残疾和危险特性的学生，以便于协助识别、指导和干预这些学生 4. 候选人能发展教学策略以提高学生交际能力，为高技能、高工资和高需求的职业做准备 5. 候选人承诺培养学生在全球化社会中和日新月异的工作场所中所必需的技术技能 6. 候选人学习在团队中如何发挥作用，并能够应用其他学科/专业知识 7. 候选人通过使用各种材料和资源加强学习 8. 候选人使用真实的语境教学方法帮助学生达到指定的学习目标，如问题式学习、基于项目的学习和服务学习等教学方法 9. 候选人整合 CTSO 项目和活动以扩充学生的学习
标准三：候选人与学生、家长、其他教育者、管理员和社区协作与交流，来支持学生的学习	1. 候选者能熟练掌握听、说、写和口头沟通能力 2. 候选人与当地的招聘网站和代理处合作，以确保学生的成功 3. 候选人与学校和社区的合作伙伴保持有效沟通，以支持该项目 4. 候选人将学校机构置于更广泛的社区环境中，并可以区分在这一系统中相关方面的功能与操作 5. 候选人要对学生在学校环境之外的因素进行界定，如家庭环境、健康和经济状况，这些因素都会影响到学生的学习 6. 候选人维护关于学生权力和教师职责的法律（如教育平等、残疾人教育法、纪律规范、虐童报告和隐私） 7. 候选人实践课堂管理技能，最大限度完成任务，公平对待每个学生，创造一个尊重、支持、关心和安全的环境

续表

一级标准	二级标准
标准四:候选人理解和运用多种评估去传授知识,评价和确保学生的学习	1.候选人要准确定义不同类型学生评估手段的特征、用处、优点和缺点,包括但不限于相关报告和数据 2.候选人选择、构建并利用评估策略和工具,适当对学习成果进行评估 3.候选人利用各种各样过程性和结果性评价技术作为教学过程的一部分,适当对学习结果进行评价 4.候选人反思自己的教学行为,并根据需要进行修正和调整,并与其他人进行持续提升与改进 5.候选人对学生的进步进行分析,并和学生、家长、监护人以及同事们就数据结果进行交流
标准五:候选人作为个体或者学习社区中的一员展示出对专业成长、专业表现和参与的责任	1.候选人确定可用于专业学习的教学研究领域和资源(如文献、组织协会、同事、专业发展活动) 2.候选人接受咨询委员会作为一种教学网络手段的价值,探索工作经验和遵循项目发展的趋势 3.候选人能体现出反思、评估和学习技能的持续发展 4.候选人能对学校和其他领域中的专业人士进行识别,将其作为一种改善方法论的手段来促进学生的反思和问题解决 5.候选人寻求能积极影响教学质量、学校发展和学生成绩的机会 6.候选人了解并遵循紧急程序,维护安全设备,确保安全程序以适应学生的活动能力 7.候选人能认识到获得初始教师资格证后持续专业发展的必要性,能制订个人专业发展计划并参与其他教育机会中
标准六:候选人理解如何管理教学计划	1.候选人准备合理的课程设计,并制订和实施营销策略,来改善他们的教学计划 2.候选人能运用革新的理念来更新、校正和修饰自己的教学计划 3.候选人在课程单元设计和展开教学中运用相关技术 4.候选人参与项目评估,将测试和数据作为这个过程的一部分

二、美国职教师资培养的资格认证

（一）资格的类别

美国职教教师资格类型众多，从不同的维度划分则有不同的类别。从资格证书的颁发机构和功能来看，美国存在两种类型的职教教师资格证书：一类称为“执照”（Licensure），它通常由各州政府部门制订标准并颁发，代表的是职教教师在当地某一领域任教所要达到的最低知识、技能与能力要求，是职教教师准入资格证。另一类称为“证书”（Certification），它通常是由相关的教师专业组织制订标准并颁发的证明。它是一种非法律文件，不具备强制性。如美国国家专业教学标准委员会颁发的资格证书，则代表其拥有者达到了专业领域内的优秀水准，是一种职教教师的在职资格证。该资格证书的获得要求职教教师在获得州政府颁发的执照后，经过一段时间的工作和进修才能申请。换言之，有州政府（如加州）规定，教师若获得美国国家专业教学标准委员会颁发的职教资格证书则可直接获得州政府颁发相应领域的完全证书，免除其他要求。这两类资格证书并存于美国的职教教师培养系统中，但随着实施过程中专业团体或组织越来越多地参与政府管理部门对职教教师资格标准的制订与认证工作，使得二者在意义上相互融合，在名称上经常相互替代[①]。

从资格证书的层级划分来看，美国职教教师资格证书大致可分为三类。但由于各州的职教教师资格证认定程序不尽相同，资格证书名称并不完全相同。通常来说，第一级（最低一级）叫初级/临时教师资格证书（Initial/Provisional Licensure/Certification），颁发给刚刚参加工作的新职教教师，有效期一般为1~4年，目的是为进一步考察其能否成为一名合格的职教教师；第二级一般称为专业教师资格证书（Professional Licensure/Certification），教师在获得初级教师资格证书并完成一定的进修和培训且通过相应考察程序即可申请，有效期一般为5年，颁布给能胜任职教教学工作的正式教师，期满需重新认

① 秦晓红.中外高校师资管理比较研究[M].长沙：湖南教育出版社，2007：169.

证。除此之外，有些州还存在第三级证书，即高级教师资格证书，二级教师资格证书期满后可进一步申请。如，在俄亥俄州，教师所持有的专业教师资格证书期满后，可申请高级专业教师证书（Senior Professional Educator License）或领先专业教师证书（Lead Professional Educator License），同样需要定期更新认证。本研究聚焦于职教教师的初始教育和培训，故笔者在本书中主要讨论第一级和第二级职教教师资格证书，即初级/临时教师资格证书和专业教师资格证书。

从资格证书所面向的教学专业领域来看，美国职教教师资格证书种类通常包括六大类：农业教育、商务教育、家庭与消费科学教育、市场营销教育、健康卫生教育、贸易与工业教育。也有州根据16大职业生涯群来命名资格证书的专业领域。

（二）资格认证的机构

美国教师资格证书的认证和管理权经历多次变革。从1825年俄亥俄州率先实行教师资格证书制度开始到19世纪末，美国教师资格证的认证管理和发放主要由县府掌管；19世纪末至20世纪六七十年代主要由州府掌管；80年代以来进入专业团体与州府共同参与且参与程度逐步加深的管理阶段[①]。美国职教教师资格证的认证管理也不例外。自1917年《史密斯-休斯法案》首次对职教教师的资格做出规定以来，强调了州一级职教委员会的监控作用，为美国各州政府负责对职教教师资格证的认定和管理打下了基础。但随着八九十年代教师专业组织的进一步发展，一些民间的教育、教师组织和团体纷纷参与职教教师资格认定。因此，目前美国职教教师资格的认证机构主要是各州教育部门和一些非官方的教师专业组织机构。

在美国各州层面，主要由各州教育部门或教育委员会负责职教教师资格的认证工作。各州教育部会下设专门实施教师资格认证的机构，负责职教教师资格的认证，如加州的教师资格认定委员会（State of California Commission

① 郧雨刚.美国教师资格证书制度的历史考察[J].内蒙古师范大学学报(教育科学版),2006(3):22-24.

On Teacher Credentialing)，其主要职责是：制订各州职教教师资格认定标准及相关政策；根据职教教师资格认定的法规和程序，审核、颁发和撤销职教教师的资格证书；提供相关的职教教师资格认定服务和信息等。同时，州教育部在进行职教教师资格认定时，会与一些专业组织或专业人员进行配合。如一些州将职教教师资格考试授权给考试中心组织，教师教学能力则授权给教师教育机构的专家来评定[①]。

另外，美国一些非官方的教师专业组织机构是职教教师资格的认证机构。如美国国家专业教学标准委员会（NBPTS）作为全国性的教师资格认定机构，按照优秀教师的知识和能力要求制订优秀职教教师资格认证标准，且资格认定方式灵活多样，尤其重视职教教师的教学实践。

（三）资格认证的程序与要求

如前面所述，美国职教教师资格证书的认定和管理机构主要是一些非官方的教师专业组织机构和各州教育部门。因此，本书以美国国家专业教学标准委员会和俄亥俄州为例，来阐释美国不同职教教师资格认证主体的认证程序与要求。

1.国家专业教学标准委员会职教教师资格认证

美国国家专业教学标准委员会的职教教师资格是面向优秀教师而非新教师，因此其职教教师资格的认证程序严格，通常一个完整的评审周期需要持续3年时间。整个评审过程包括两个阶段：档案袋评审和评估中心评审[②]。

档案袋评审要求申请优秀职教教师资格的教师提交包括学生学习情况评估、课程演示、团队合作的培养、成绩记录四个方面的材料来展示自己的教学经历。其中“学生学习情况评估”是基于学生作业的反馈，“课程演示”和“团队合作的培养”是通过提交录像来反映教室里学生和教师的互动，“成绩记录”则是记录教室外教师与学生家庭、社区或同事是如何互动从而来影响

① 荀渊，唐玉光.教师专业发展制度[M].北京：教育科学出版社，2011：49.

② 和震，郭赫男.职业教育教师专业标准：美国经验与启示[J].天津大学学报（社会科学版），2013(3)：241-246.

学生成绩的。档案袋评审的具体要求见表4–3。

表4–3　美国国家专业教学标准委员会职教教师资格档案袋评审要求

条目	呈现形式	具体要求
学生学习情况评估	评论报告	1. 选用两种在生涯与技术教育教学中常用的评价方式，用每种评价方式评价两名学生的学习情况 2. 提交一个关于描述、分析以及评价学生学习情况的评论报告，在报告中需要说明教师教学实践是如何影响学生学习情况的
课程演示	影视记录（20分钟），评论报告	1. 影视记录需要反映出教师是如何让学生积极参与生涯与技术教育的学习之中的，此外，这段记录应包括教师是怎样通过解释、演示、讨论、个人以及小组的后续跟进、反馈等活动设计来帮助学生对某一领域知识和技能的探索和获取 2. 评论报告应为包括教师对采用演示课程教学方式的描述和分析
团队合作的培养	影视记录（20分钟），评论报告	1. 影视记录需要反映出教师是如何让两个小组共同合作的 2. 评论报告应为对影视记录的描述和分析
成绩记录	不限	1. 提交的材料能够反映出教师与学生家庭以及社区的合作关系 2. 提交的材料需要反映出教师的活动对学生学习的影响

评估中心评审则是申请者完成档案袋评审的下一个环节，是对档案袋评审的进一步补充。该环节申请者需要完成6个在线任务来展示自己的专业知识和专业技能，每个任务时间是30分钟，全程都需在线完成。评估中心评审的具体内容见表4–4。

表4-4　美国国家专业教学标准委员会职教教师资格评估中心评审要求

任务	具体要求
将学科知识融入生涯与技术教育中	1. 描述自己是怎样通过情境教学方式将核心课程知识融入生涯与技术教育的技能学习之中的 2. 评价上述情景教学活动
本领域的研究进展	1. 描述能够影响本工作领域的某一重大研究进展 2. 描述此研究进展的特点 3. 阐述此研究进展影响本领域内的专业实践的方式并讲述对此研究进展所带来影响的应对方式
职业探索	1. 阐述自己对生涯探索方法的了解程度 2. 描述并评价一个适用于中学学生的职业探索活动，此活动需要有相应的评价技术
高级技能及其过程	1. 阐述自己对本领域中所需要的高级技能的了解程度 2. 根据给定的场景，描述一个对于某职业专家需要具备的高级技能并阐述专家和新手在运用此技能时的区别同时，需要解释此技能和工作场所其他影响因素之间的关系
就业技能	1. 阐述自己对工作场所所需技能和工作期望的了解程度 2. 描述自己运用模拟工作教学来提升学生对技能以及工作期望的了解方式 3. 根据给定的场景，描述并评价一个能够帮助学生了解特定技能的模拟工作活动
职场学习	1. 证明自己具有制订与学生年龄相符的职场学习策略和设计项目的能力 2. 描述某一个职场学习经验，并对整个项目进行评价

2. 俄亥俄州职教教师资格认证

根据俄亥俄州教育部门的规定，有三种路径可以获得俄亥俄州生涯与技术教育教师资格证书[1]，分别是常驻教师（Resident Educator，简称“RE”）路径（即传统路径）、替代性常驻教师（Alternative Resident Educator，简称“A-RE”）路径（即替代路径）、补充（Supplemental，简称“S”）路径。“补充路径”针对的是已经获得专业教师资格证书，但证书领域不是想要从事的教学领域的教师群体。本研究聚焦于初始职教教师教育和培训，因此此处不对“补充路径”进行讨论。

传统路径资格认证：这条路径针对的是农业教育、综合商务教育、市场营销教育、家庭和消费科学教育、技术教育这些领域中的职教教师。申请者需要完成在大学或学院中所开设的职教教师教育课程，达到学期学分数的要求，取得学士学位，通过州教育部门规定的教师资格考试（如PRAXIS考试），证明自己有两年的专业领域的相关工作经验或等值经历，并获得经过认证的职教教师培养机构的系主任的推荐，才可以获得州教育部门颁发的常驻教师执照（Resident Educator License，即初级教师资格证书）。在获得常驻教师执照后，还需完成4年的常驻教师培训项目（Resident Educator Program），通过了相应培训项目的学习，才可以申请专业教师资格证书（有效期5年）。

替代路径资格认证：替代性路径主要针对的是以下领域的职教教师：农业与环境系统、媒体通信与艺术、商务与管理服务、建筑技术、教育与培训、工程与科学技术、金融、政府与公共管理、健康科学、酒店与旅游、人文服务、信息技术、法律与公共安全、制造技术、市场营销、交通运输系统等，甚至在某些专业领域，只允许通过替代路径获得教师资格证书。申请者需要持有高中以上学历，在相关领域具有五年的工作经验或等值经历。替代路径的教师资格认证程序则比传统路径要复杂得多，大体上包括以下步骤：第一步，需要对申请者的教育与工作经历进行审核，即要求申请者完成CTE-36表格，表格完成后直接提交到各个招聘学区；如果申请者满足州规定的工作经历要求并能提供相关行业资格证书，学区即可决定聘用，如果不满足州规定

① 本研究聚焦于初始职教教师教育和培训，故此处主要讨论第一级和第二级职教教师资格证书，即初级/临时教师资格证书和专业教师资格证书。

的工作经历要求但具有相关行业资格证书，即可组织专家组对申请者的资历进行讨论，讨论通过后也可决定聘用。第二步，学区决定聘用后，由学区为申请者准备教师合格性审核的表格，即CTE-37表格。申请者选择接受教师培训的机构，CTE-37表格递交到相应培养机构，它是判断申请者能否入学的依据。第三步，学区正式聘用，申请者正式注册了某大学的替代性职教教师培养课程项目，即可申请4年有效期的替代性常驻教师执照（Alternative Resident Educator License，即初始教师资格证书）。第四步，在获得替代性常驻教师执照后，且通过了4年的常驻教师培训项目的学习，可以申请专业教师资格证书（有效期5年）。

三、美国职教师资培养的课程设置

（一）开设课程的机构

美国开设中等教育层次的职教教师教育课程的机构通常为四年制大学和两年制社区学院或技术学院。目前在美国，有超过1 700家经过认证的大学或学院提供职教教师教育课程。各个培养机构所提供的课程层次均各不相同，但通常涉及四个层次：证书层次、本科层次、硕士层次、博士层次；若按获取证书的路径来划分，则一般包括传统路径课程和替代路径课程。美国的职教师资培养机构一般包括以下几个类型：一是大型的研究型州立学术机构，如俄亥俄州立大学（The Ohio State University）、宾州州立大学（Penn State University）、明尼苏达大学（The University of Minnesota）；二是州政府支持的学术机构，如北伊利诺伊大学（Northern Illinois University）、西密西根大学（Western Michigan University）；三是私立学术机构，如阿什兰大学（Ashland University）、杨百翰大学（Brigham Young University）。绝大多数的职教教师教育课程都开设在州政府支持的学术机构中。

所有开设职教教师教育课程的机构都需经过认证。经过一百多年的发展，美国逐步建立了区域性、专业性认证与全国性认证相结合的教师教育机构认证系统[1]。如美国国家教师教育认证委员会（National Council for Accreditation of Teacher Education，简称“NCATE”），美国教师教育认证委员会（Teacher Education Accreditation Council，简称“TEAC”）等都是美国较为普遍的职教教师培养单位认证的机构。

（二）课程开展的形式

本科层次的传统路径课程，学生通常在四年修完相应学分后取得临时教师资格证，因此属于职前教育。在这期间课程开展的形式是全日制课程，和一般的本科教育无异。而替代路径的课程，是在学员获得临时教师资格证之后开展的。但无论通过哪种路径获得教师资格证，为取得专业教师资格证都得进行4年左右的课程学习。这期间的课程学习属于在职教师教育课程，即职后教育，因此课程是以非全日制的形式开展的。为方便教师来培训，培训点一般会把授课时间安排在傍晚或是暑假。对于距离过远的教师，大学会在其附近另设培训点，通过视频系统与中心培训点同时授课。这样，使得新教师的培训课程学习与学校教学工作能紧密结合[2]。此外，有些大学开设了职教教师教育的在线课程，如阿比林基督教大学（Abilene Christian University）、嘉佩乐大学（Capella University）、美国渥太华大学（Ottawa University）。

（三）课程模块与内容

美国各大职教师资培养机构中的职教教师教育课程根据培养路径的不同，有不同的课程模块与内容。即使是同样的培养路径，各州、各培养机构在入学要求、开课时间等方面各有不同，但其宗旨是共通的，即培养职教教师教学的理论水平与实践技能。美国俄亥俄州立大学的职教教师教育在美国一直久负盛名，颇具代表性，因此笔者选取美国俄亥俄州立大学职教教师培养的传统路径与替代路径课程，以此分析美国职教师资培养的课程模块与内容。

① 荀渊，唐玉光.教师专业发展制度[M].北京：教育科学出版社，2011:67.

② 徐国庆.美国双元制职业教师培养模式研究：以俄亥俄州为例[J].全球教育展望，2011(8):87-91.

1. 传统路径课程

此处以美国俄亥俄州立大学开设的商务教育专业为例，阐释职教教师教育的传统路径课程内容。此类传统路径课程为职前教育课程，学员通过四年的全日制学习完成相关课程后获得学士学位，并在达到俄亥俄州教育部门规定的其他相应要求后即可申请初级教师资格证书。该专业最低总学分要求为120学分，课程结构可分为通识类课程、教育类课程和专业类课程三类，具体课程内容、学分及开设学期安排见表4-5。

表4-5　美国俄亥俄州立大学传统路径商务教育专业课程①

课程类别	课程名称	学分	开设学期
通识类课程（46~50学分）	写作（英语/第二阶段写作）	6	1/4
	文学	3	2
	艺术	3	1
	数学（数学/数学与逻辑分析）	3~7	1/2
	数据分析	3	3
	科学（物理/生物）	10	2、4/3
	历史学	3	7
	社会学（心理学导论/微观经济学原理）	6	1/2
	文化与理念或历史学	3	6
	公开课（宏观经济学原理/人力开发周期）	6	3/2
	教育、人类生态与规划导论	1	1
	选修课	0.5~4.5	—

① 该课程项目秋季入学，一年实行秋季和春季两个学期制。因此第一年秋季为第一个学期，第二年春季为第二个学期，往后类推，一共四年共八个学期。

续表

课程类别	课程名称	学分	开设学期
教育类课程（46学分）	生涯与技术教育现场实践1	2	5
	生涯与技术教育现场实践2	2	6
	教师与培训者教育技术应用导论 或在线成人教学原理	3	5
	教师与培训者高级教育技术应用	3	6
	劳动力开发与教育基础	3	5
	生涯与技术教育教学法或商务教育教学法	3	5
	工作本位学习或工作场所中的成人教学	3	6
	特殊儿童教育导论	3	4
	生涯与技术教育课程/教学与评价	3	6
	成人的终身教育	3	4
	教育心理学	3	3
	跨课程领域中的阅读教学	3	7
	生涯与技术教育中的教育实习	12	8
专业类课程（22.5学分）	会计基础	3	3
	财政基础	3	5
	商务法律环境	1.5	6
	家庭财政管理或个人财政	3	4
	运营管理基础	3	3
	管理与人力资源基础	3	7
	市场营销基础	3	4
	商务专业写作	3	7

2. 替代路径课程

俄亥俄州立大学开设的替代路径课程是职后教育课程，教师具备州教育部门所规定的条件并被学区聘用后，完成4年的替代路径课程学习，即可申请专业教师资格证书。该类课程可面向农业、商务、家庭与消费科学、市场营销、健康卫生、贸易与工业六大领域的职教教师，总学分要求为27个学分。以2015年入学的培训教师为例，入学第一年，教师需要在2015年夏季完成至少4个学分的研讨班学习，在2015年秋季和2016年春季分别完成2个学分的现场实践。其课程安排与学分见表4-6。

表4-6 美国俄亥俄州立大学替代路径课程

课程名称	学分	开设学期
夏季研讨班	4	2015夏季
生涯与技术教育现场实践1	2	2015秋季
生涯与技术教育现场实践2	2	2016春季
生涯与技术教育教学法	3	2016—2017秋季
生涯与技术教育课程/教学与评价	3	2016—2017春季
教育技术课程	3	2017—2018秋季
工作本位学习	3	2017—2018春季
劳动力开发与教育基础	3	2018—2019秋季
生涯与技术教育顶点课程/跨课程领域中的阅读教学	1/3	2018—2019春季

俄亥俄州立大学替代路径课程需4年完成，具体课程内容如下：

夏季研讨班（4学分）：俄亥俄州的通用规则规定，在由州政府所独立支持或部分支持（出资）的学校中，所有获得职位但没有教师资格证书的教师都应当接受对于教师职责与表现的补偿培训。在本门课程中的知识、技能、态度与价值观均达到或超出俄亥俄州教育部门生涯与技术教育办公室的最低要求和已经拥有临时证书的生涯与技术教育教师的专业发展标准。

生涯与技术教育现场实践（2学分×2）：学习者在任职的生涯与技术教育机构中进行教学实践，教学实践在成熟教师的监督与指导下进行。课程中所教授的教学技巧等内容是基于生涯与技术教育新教师实践中的能力设置的。课程中的作业与任务围绕将新学到的教学实践技巧应用到日常的教学情境中而进行。课程的目标是：让学习者能够开发出自己教学项目的档案系统，能开发出15个在本学期将会使用的学习包，开发并实施一个学生管理系统，在自己的教师督导观察下准备并进行课程教学，开发并实施一个评价系统，开发出一个本学期可以使用的专题课程大纲，为自己的教学项目确认并实施一个安全项目，开发并实施学生人事制度，能弄清楚并解释自己的教学项目中存在的棘手的人或事，并能讲清楚自己要如何来协调它们，为自己的教学项目创建一个咨询委员会，并为第一次会议制订议程。

生涯与技术教育教学法（3学分）：本课程向学习者提供在生涯与技术教育中设计与进行有效教学的指导与实践。学习者通过探索决策实践过程，与专业的学习共同体进行合作，向多样化的受众展示课程计划的各个方面、如何使用各类教学策略激励多样化的学生、如何与学生就他们的学习目标以及进展方面进行沟通。此外，学习者会在这门课程中探索各类专业角色以及指导者/教师的职责。本课程的第二个目标是向学习者提供信息，使他们能够计划、组织和管理职业培训与教育项目。课程的重点在于安全和责任问题，记录的保存，实验室管理，以及对合适的学习活动和与要教授的职业与能力相联系的教学方法的选择。课程会为学习者提供对于教学实验室环境的安全调查，制订安全文件，协助规划安全环境以及培养对责任的关注意识。

生涯与技术教育中的课程/教学与评价（3学分）：本课程向学习者提供分析职业领域的技术和方法，帮助他们获得要进行教学的内容。学习者通过使用当前的资源和相关信息进行职业分析，并系统地开发一门生涯与技术教育课程。在此过程中，使用的是从职业分析中获取的原始资料。此外，学习者会学到当前的和经典的评价理论，并通过创造学生评价工具将其应用到教学课堂中。学习者要解释评价的数据，开发评分的方法，检验和评估所使用的评价软件。学习者也要学习如何对项目进行评价。

教育技术课程（3学分）：本课程的目的在于向学习者提供关于各种软件的使用信息与技能，使他们能够使用各类软件作为学习与工作工具，并将其作为教学工具应用到教学实践中。本课程会聚焦于下列领域中具体软件应用的基本知识：平面设计、数字媒体和交互媒体等。

工作本位学习（3学分）：本课程向学习者提供开发和协调工作本位学习项目的指导与实践，目的是使学习者掌握在生涯与技术教育中开发、协调与实施工作本位学习项目的策略，并能够让生涯与技术教育的学生通过课堂学习、实验室学习与在职的经验为就业做好准备。课程的目标是学习者在完成课程后，具有以下能力：协调中学、高中或中等教育后阶段中的工学结合项目，成功地建议并将学生置于工作本位的学习情境中，能向学生、家长、雇主和顾问做出信息展示，为招募学生做计划，能确定项目中的学习课程要包含哪些就业技能的发展专题，开发当地的工学结合培训计划，根据学生的能力与身体残疾调整、更改工学结合的计划，为欠缺必要就业技能的学生制订个人补救计划，进行成功的职业分析，能明白让残疾学生为工作和就业做准备的过程中面对的挑战，组织一个当地的项目咨询委员会，评估学生在工作场所中的表现，建议并培训工作场所的导师，整合生涯与技术教育项目中的职业探索概念。

劳动力开发与教育基础（3学分）：本课程是劳动力开发与教育专业的入门课程，目的在于向学习者提供检验支持劳动力开发与教育的机构和组织的机会，促进学习者理解来源于各个领域中的课程、概念和框架是如何形成劳动力开发与教育这一整合性的学科的。在这门课程中，学习者将通过参观劳动力发展和教育的场所，以及访问代表各类组织和机构的特邀发言人，获得关于劳动力发展和教育的基础知识和深度理解。

生涯与技术教育顶点课程（1学分）：本课程的目的在于指导学习者如何建立专业教学档案袋。

跨课程领域中的阅读教学（3学分）：本课程的目的在于向中等教育阶段的学生提供必要的知识和工具，来帮助他们获得发展性阅读的技能，以及必需的学习能力。

第三节　美国职教师资培养的主要特点

通过前面对美国职教师资培养的历史演变和基本要素的梳理，本节对美国职教师资培养的主要特点进行概括。

一、专业组织与州政府的并行管理

从美国职教师资培养的历史来看，可以发现，美国是个典型的地方分权制国家，与整个教育制度的权力分配一样，美国更多地将职教师资培养的管理权力交给各州。特别是1917年的《史密斯-休斯法案》的颁布，为各州形成相对独立的职教教师培养方式奠定了基础。而随着美国职教师资培养专业化的发展，越来越多的教师专业组织和团体参与了进来。

自八十年代以来，形成了专业组织与州政府共同参与管理且专业组织参与程度逐步加深的局面。这主要体现在两个方面，即职教教师专业标准的制订和资格认证的管理上。首先，在职教教师专业标准的制订上，各州制订了州级范围的职教教师专业标准，各个教师专业组织也制订了全国性的职教教师专业标准。无论是州级标准还是专业组织制定的标准，都与相应的教师资格相对应，属于教师资格标准。其次，在职教教师资格的认定上，各州教育部门和一些非官方的教师专业组织机构并行，成了美国主要的职教教师资格认定机构，并且在资格证书的类别设置和认证的程序与要求方面均有自己的规定。虽然表面上看起来专业组织与州政府“各自为阵”，但两者对职教教师培养的管理并行不悖。随着20世纪80年代联邦政府与州政府开始逐步加强对教师教育的控制和影响，教师专业组织越来越多地体现政府的意志。与此同时，州教育部门在实施职教教师资格认定的时候，会参考一些专业组织的做法。如加州规定，教师若获得美国国家专业教学标准委员会颁发的职教资格证书，则可直接获得州政府颁发相应领域的完全证书，免除其他要求。可见，从美国职教师资培养现状来看，专业组织与州政府共同发挥作用，两者在并行管理的同时逐渐出现了相互融合、相互借鉴的态势。

二、“双元制”的培养模式

在美国近百年的职教发展历史中，存在着职教教师的双重培养路径，即通过接受学院或大学教育获得证书的“传统路径”（职前培养）和通过积累工作经验获得证书的“替代路径”（职后培养），这两种路径在当今美国的职教师资培养中仍然存在，可谓是“双路径”的培养方式。其中，“替代路径”更加体现了开放式的培养方式。

目前，美国各州为了应对职教教师短缺的问题，近年来将职教师资的培养重点落在了发展替代性路径上。但无论是哪一种路径，学生入职后只是先获得临时的或初始的教师资格证书，还需进行四年的在职培训，才可获得专业教师资格证书。在这四年间，教师需在授课的同时定时地去师资培养机构接受培训，因此将其称之为“双元制”培养模式，具体而言即大学培养与教师在职工作、实践经验累积同时进行，二者紧密配合，按计划分阶段实施，以取得相应教师职业资格证书为目标，实现教师实际工作能力有效发展的职教教师培养模式[①]。这种培养模式是美国职教师资培养极具特色的部分，也是每个职教教师在拿到专业教师资格证书之前必须经过的系统培训。这种培养模式的设计，能够让教师在教学的同时及时对教学问题进行反思，有利于教师VPCK的生成。

① 徐国庆.美国双元制职业教师培养模式研究[J].全球教育展,2011(8):87-91.

三、普遍性与特殊性并重的专业标准

从美国职教师资标准的制订主体来看，有州政府部门和专业组织制订的专业标准，且专业标准和对应的教师资格相挂钩，因此可以说是教师资格标准。而不同主体制订的专业标准用途不一，如美国国家专业教学标准委员会这一专业组织制定的标准是面向优秀职教教师，州政府部门制订的专业标准则主要是新教师的入职标准。

即使是专业标准的制订主体、面向对象和程序要求有所不同，但州政府部门和专业组织制订的专业标准都注意处理了标准的普遍性和特殊性问题。如以俄亥俄州为例，该州教育部门分别制订了传统路径和替代路径的职教教师专业标准。从内容上看，传统路径的职教教师专业标准区分了不同的专业领域，注重了专业标准的特殊性。而替代路径的职教教师专业标准并未再一次区分不同专业领域，体现了专业标准的普遍性。2015年颁布的《国家专业教学标准委员会生涯与技术教育专业标准：面向11~18岁以上学生的教师(第二版)》则很好地诠释了普遍性与特殊性并重的专业标准。该标准制订了一个基于教育或教学工作本身的相对一致的专业标准，可以让所有职教教师以此为基础逐步实现专业发展；同时该标准的“内容知识”部分划分为跨学科知识和与产业相关的知识，与产业相关的知识具体包括：商务、市场与金融服务，社区服务，装饰艺术与设计，工程、设计与制造，信息技术、通信与艺术，休闲与娱乐服务，自然资源，交通系统与服务8个领域，这样就在专业知识的能力模块中详细分析了各个专业领域教师应具备的知识和能力，使得不同专业的教师能根据自身情况进行自主性的调整。同时，“内容知识”中，强调了优秀教师利用他们的技术与专业知识，以及他们跨学科的和教学的技能来开发不同专业领域的课程目标，设计教学，促进学生学习等，可以说是体现了对VPCK的重视。

四、定期更新与升级的资格证书

美国的职教教师资格证书的获得并非是一次性的，也并非是终身性的。从州政府认证的资格证书来看，根据资格证书的层级划分，美国建立了一套严密的职教教师资格证书体系，包括从第一级（初级/临时教师资格证书）、第二级（专业教师资格证书）到第三级（高级教师资格证书），有效期一般为1~4年。持有较低级教师资格证的教师都需完成一定的进修和培训且通过相应考察程序才可申请更高一级教师资格证书。高级教师资格证书不是“一劳永逸”的，同样需要定期更新认证。这种需要定期更新与升级的资格证书体系的设计确保了教师持续参加培训的动力，且每个阶段教师的学习内容与要求紧密衔接，从而保证了相应的职教教师教育课程内容的衔接。从专业组织认证的资格证书来看，以美国国家专业教学标准委员会为例，其资格证书的颁布是面向优秀教师而非新教师，因此可看做是教师资格证书的一个更新与升级的过程。需要指出的是，无论是传统路径还是替代路径的资格认证，其前提条件都对申请者的工作经验提出了要求，看重申请者的实践工作经历。

另外，从资格认证的内容来看，如美国国家专业标准委员会在评估中心评审阶段，设计了“将学科知识融入生涯与技术教育中”任务，体现了对VPCK的考核和重视；而州级层面的传统路径和替代路径资格认证，都要求教师经过四年在职培训才可申请专业教师资格证书，体现了对职教教师专业教学能力的培养。

五、“双路径”的课程体系

美国存在新任教师的“传统路径”和“替代路径”的双重培养路径，因此美国的职教师资培养课程体系因培养路径的不同而各具特色。传统路径课程主要针对的是农业教育、综合商务教育、市场营销教育、家庭和消费科学教育、技术教育这些领域中的职教教师，替代路径课程的服务面则更为广泛。

总体来看，美国各州职教教师培养课程的开发主体是公立、私立的教师培养机构中的代表以及各州政府教育部门中的顾问；课程内容的设置具有针对性，课程具体确立的标杆是教师能力资格考试标准（如PRAXIS考试）、各州的教师资格标准、各行业协会所指定的职教教师专业标准以及全国性的专业委员会所制订的职教教师专业标准等。

从俄亥俄州立大学开设的传统路径职教师资培养课程来看，课程形式主要为全日制课程，其课程体系呈现出了以下特点：重视学生的通识教育；专业课程基础宽厚，侧重学生应变能力培养；教育类课程精深；强调学生的教学实践等。而在教育类课程中，如开设“商务教育教学”的课程，体现了对学生VPCK的培养。在替代性路径的教师培养课程中，教师既在培训机构中学习，又在职教机构中教学，课程的开设时间与安排相对灵活，可以根据学习者的实际情况自由选择，一般只要求学习者每学期至少修一门课程，但对修完全部学分的年限会做出要求。其培训内容不区分不同专业背景教师，更关注职教教师的教学论与教学法方面的培训；课程重视教师的教学实践，如开设“生涯与技术教育现场实践”课程，教师在有经验的教师的督导下进行教学实践，注重教师专业教学能力的培养，同时体现在这一过程中对教师VPCK的培养。

综上，根据美国职教师资培养的主要特点，同时套用第二章所构建的分析模型，可构建美国职教师资培养的模型，见图4-1。在这个模型中，职教师资培养的外部环境中（即外圈）的各个利益相关者，由专业组织和州政府占据并行管理的主导地位。在中圈的职教师资培养体系方面，呈现了大学培养与教师在职工作、实践经验累积同时进行的“双元制”培养模式的制度架构。内圈中，三大基本要素呈现以下关系：首先，美国各州和教师专业组织制订的职教教师专业标准即教师资格标准，因此专业标准和资格认证体现了紧密的对应与互动关系；其次，职教师资培养的课程根据专业标准和资格认证要求设置，课程内容与专业标准和资格认证的内容或要求相对应，如学生须通过传统路径课程学习并达到相应要求才可获得临时教师资格证，或通过替代路径课程学习并达到相应要求才可获得专业教师资格证。

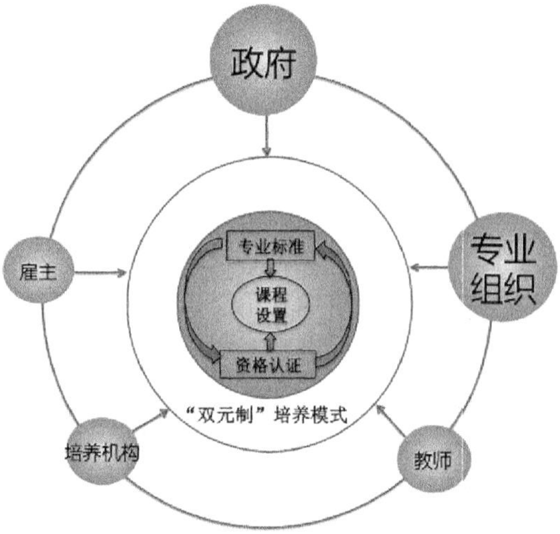

图 4-1　美国职教师资培养模型

// 本章小结

美国职教师资培养的专业化肇始于1917年《史密斯-休斯法案》的颁布。从美国职教师资的培养发展历程来看，可以发现美国联邦政府是通过颁布一系列法案来加强职教师资的专业化培养。本章将美国职教师资培养的历史演变分为萌芽阶段（20世纪20年代以前）、制度正规化阶段（20世纪20年代—80年代）、质量提升和标准化阶段（20世纪80年代中期至今）。

美国存在着新任职教教师的双重培养路径，即通过接受学院或大学教育获得证书的“传统路径”和通过积累工作经验获得证书的“替代路径”，这两种路径在当今美国的职教师资培养中仍然存在。美国是一个地方分权制国家，职教教师的培养与管理权力主要由州政府部门来负责，而随着美国职教师资培养专业化的发展，越来越多的教师专业组织和团体参与进来，这主要体现在职教教师的专业标准制订和教师资格的认证上。州政府部门与专业组织两者共同发挥作用，在并行管理的同时逐渐出现相互融合、相互借鉴的态势。美国开设中等教育层次的职教教师教育课程的机构通常为四年制大学和两年制社区学院或技术学院，各个培养机构所提供的课程层次均各不相同。根据培养路径的不同，职教师资培养课程可分为职前培养的传统路径课程和在职培养的替代路径课程。

总体上，通过对美国职教师资培养的历史演变和基本要素的梳理，发现美国职教师资培养的特点可以概括为专业组织与州政府的并行管理、“双元制”的培养模式、普遍性与特殊性并重的专业标准、需定期更新与升级的资格证书、“双路径”的课程体系。根据美国职教师资培养的主要特点，本章在最后构建了美国职教师资培养的模型。

第五章
德国职教师资培养

德国是联邦制国家，各州在职教师资培养方面具有一定的自主性，但国家在职教师资培养中的干预比较积极，并通过建立专业化的师资培养途径和严格的资格认证制度为职教师资的培养制订全国性的框架，奠定职教教师公务员的地位。本章围绕德国职教师资的培养，首先梳理德国职教师资培养的历史演变，然后对德国职教师资培养的三个基本要素进行全面描述，最后总结德国职教师资培养的主要特点。

第一节　德国职教师资培养的历史演变

从历史上看，有三个重要的标志揭示了德国职教师资培养专业化的走向：一是19世纪初新兴职业学校和职教教师的出现；二是20世纪初德国的教育与青少年政策，职业学校是公立学校系统的一部分，使得职教教师从培训者开始向教育者转变；三是20世纪60年代后，德国实现了职教师资培养学术化和向大学层次的转移，并于70年代第一次对德国职教教师资格进行了规定，德国职教教师正式进入国家公务员的行列。随着德国职教师资培养专业化的确立，进入21世纪，德国职教教师的专业发展内涵在不断发展，进而对实施职教师资培养机构的质量和课程设置提出新的要求。

一、学术性教育的肇始阶段（19世纪—20世纪初）

德国职教师资培养的组织化和德国职业学校的组织化是紧密相关的，而德国有组织的职业教育与培训的起源可以追溯到中世纪手工业行会组织的传统学徒制。在这一传统中，只有行业中的师傅可以指导学徒，学徒跟着师傅学习相关技能和文化知识，而行会对师傅进行监督，师傅需在行会办理相关手续才能获得带学徒的相应资格。随着工业革命的发展，学徒制已开始无法满足经济社会发展对生产力的需求，教育开始向更广泛的阶层开放。19世纪初，为了向学徒传授其他技术知识和技能，建立以职业为导向的新型学校，如手工业星期日学校。该类学校旨在周末的时候为学徒传授相应的理论和文化知识，但这时候对星期日学校的教师没有严格的资质要求，大多数教师并没有接受相应的教师教育和培训。这种新型学校和培训形式的发展直接指向德国“双元制”职业培训的诞生①。这种新型学校逐渐演变成进修学校或职业学校，随着该类型学校在教育体制中地位的日益彰显，人们开始关注职业学校中教师的资格和质量问题。关于职教教师到底是专业技术人员还是教育工作者的讨论，一直贯穿在德国职教师资培养发展的整个过程中②。

可以说，19世纪至20世纪初这段时间，随着德国工业化进程的加快，新兴职业学校开始出现，并逐渐趋向于制度化与组织化，“双元制”的职教模式在这一时期逐步形成，因此，随之而来的便是新的职教教师培训的制度化与组织化。而在这一时期，出现三种职教师资培养的典型模式。

第一种模式为巴登—符腾堡模式。19世纪下半叶，巴登—符腾堡地区在18世纪高度发展的手工业基础上逐渐形成典型的中产经济结构，因此高级技工培训受到当地政府的高度重视，建立一些面向高级技工培训的综合技术学校。在1834年，卡尔斯鲁厄理工学院开设一门以科学为导向的职教教师课程，一直延续到1857年。20世纪20年代，在巴登—符腾堡的技术大学开设学术水平层次的职教教师培训。由此，以科学为导向的全部理念反映到学习课程中，课程内容强调科学或工程学的专门分支③。

第二种模式为普鲁士—巴伐利亚模式。1913年以前，普鲁士地区的职教教师是小学教师，他们在接受相关的技术课程培训后成为职教教师。1913年，普鲁士开始以一种研讨班的形式专门培养和聘用专职的职教教师。到1922年，研讨班的时间从一年延长到两年。研讨班对学员的教育经历和工作经历都提出要求，学员主要是一些具备足够普通教育背景和三年及以上工作经验的技师、工程师，或是在职业学校有教学经验的小学教师，工作经验被看作

① 沃尔德玛·鲍尔.德国的职业教育教师[M]//葛洛曼 F,劳耐尔 F.国际视野下的职业教育师资培养.石伟平,译.北京:外语教学与研究出版社,2011:117-151.

② 陈曦萌.从职前培养回顾百年德国职教师资专业化发展[J].职业技术教育,2015(13):62-67.

③ BAUER W. TVET teachers and instructors in Germany [M]//GROLLMANN P, RAUNER F. International perspectives on teachers and lecturers in technical and vocational education. Springer Netherlands, 2007: 123-158.

是职教教师的必不可少的条件。课程内容包括侧重于青少年心理发展的职教教学，以及与行业相关的专业教学论。工程师、技术人员和行业师傅逐渐取代这些小学教师。然而，与巴登—符腾堡模式不同的是，该模式的核心并非是科学课程，而是职业实践①。

第三种模式为图林根—汉堡模式。魏玛共和国时期（1918—1933），汉堡和图林根由社工党统治。这些州的职业学校里，职业教育与培训依据的是教育原则而非经济原则。他们认为，职业学校中的教育应在生活上和职业工作上融合起来，即职业学校的任务是培养不被传统观念所束缚的、与社会融合的工人。基于这样的理念，职业学校教师的培养则被放置到大学中，且要求职教师范生具备高校入学资格、至少有2年的职业实践经历。为期6个学期的课程包括教育科学、社会科学和专业科学三部分，专业知识则按专业职业方向来定，参考工程学科的划分，设置金属技术、建筑、加工、纺织等专业，由各领域中以行业为导向的特定机构提供②。相对于上述其他模式而言，图林根—汉堡模式强调教育和社会科学的融入，既容纳了科学课程、职业实践，又突破了传统观念的束缚。

综上，可以发现，这一时期由于新兴职业学校的出现，使得职教的教师开始从培训者向教育者转变。从上述三种典型的职教教师培养模式来看，这一时期是德国职教教师接受职前学术性教育的肇始阶段。在具体培养模式上，这时主要采取的是工程师培养模式，教育学和教学法的相关课程没有受到关注。准教师在大学接受专业学术性教育，并获得与工程师资质相应的理论基础和实践操作能力，是职教教师的入职条件。这一时期，并不存在独立的职

① BAUER W. TVET teachers and instructors in Germany [M]//GROLLMANN P, RAUNER F. International perspectives on teachers and lecturers in technical and vocational education. Springer Netherlands, 2007: 123-158.

② BAUER W. TVET teachers and instructors in Germany [M]//GROLLMANN P, RAUNER F. International perspectives on teachers and lecturers in technical and vocational education. Springer Netherlands, 2007: 123-158.

教教师资格要求，具有行业工程师资格便具备职教教师的职业资格。[①]

二、专业化培养的确立阶段（20世纪20—70年代）

随着20世纪初职教教师系统培训的肇始，职教教师在随后的几十年中在不断提出对自己社会地位提高的要求。这是因为，20世纪初德国的教育与青少年政策，职业学校在那个时候还是公立学校系统的一部分，这使得职教教师的教学任务不仅仅是技术培训，还要为青少年进行公民教育。作为公民教育的一种类型，职教应该必须渗透到普通教育中去，职教教师随之提出实现与文科中学教师同等的待遇的诉求。与此同时，随着工业革命的发展，工业生产过程和工程科学不断地科学化，使得教育过程与企业实际活动的距离加大。这两种因素夹杂在一起，为职教师资的培养提供了一种新的认识：职教教师是一个接受了所教授专业的完整大学课程的职教工作者。他（她）既不是熟练操作工又不应该是专业工程师，而应该是介于理论和实践之间，一个“熟练的教学法专家”[②]。鉴于此，职教师资培养在这一时期呈现出学术化和向大学层次转移的倾向。

其实早在20世纪20年代，德国就职教教师培养学术化、向大学层次转移的问题展开了一场广泛的讨论。在1922年的一次会议中，职教教师联合会提出一些关于现代职教教师培养体系的原则，这其中包括将职教教师师范教育分为两个阶段：第一阶段为全国范围的大学层次的学术学习课程，随后通过第一轮国家考试；第二阶段为教学阶段，需通过第二轮国家考试。其中，大学层次的科学课程是职教教师培养的核心部分。此外，职教教师联合会提出：职教教师教育要向高中毕业生开放，限制普通教育背景不足的人进入职教教师行列；提倡职教教师教育的专业化和更全面的理论知识基础，从而提高该

① 陈曦萌.从职前培养回顾百年德国职教师资专业化发展[J].职业技术教育，2015(13):62-67.

② 陈曦萌.从职前培养回顾百年德国职教师资专业化发展[J].职业技术教育，2015(13):62-67.

职业的吸引力和社会地位。这一时期对于德国职教师资培养的专业化形成至关重要，虽然研讨班的形式遭到职教教师联合会的大力抨击，但还保留了下来。直到“二战”后，德国又展开全国范围的关于职教教师教育学术化的大讨论，但因为财政状况不好而没有成功实现。随着1957年苏联第一颗人造卫星的成功上天，引发德国全国范围内的一场教育改革。这一个改革呼声同样波及职教教师培养的领域。政界和经济团体决定采用之前职教教师联合会提出的主张，结束职教教师培养的研讨班形式，实行大学层次的学术性课程。到20世纪60年代，德国实现职教师资培养向大学层次的转移，同时实现职教师资培养的专业化[①]。

1973年，德国各州文化部长联席会议（“KMK”）提出了职教师资培养的典型模式：获得高等学校入学资格的中等教育第二阶段的毕业生[②]，经过职业培训或者至少6个月的实践工作进入4年的大学学习，通过第一次国家考试毕业后进入为期两年的实习期，结束后通过第二次国家考试，才完成一个职教教师的培养过程，有资格受聘担任职业学校教师工作。根据规定，职教教师大学学习的内容包括：第一专业（职业和技术专业）、第二专业（普通教育专业），以及教育学和社会学课程三个部分，课时比例建议为2∶1∶1[③]。各州可在此基础上做适当调整，而大学的课程学习、预备见习和国家考试是必不可少的。可以说，1973年的各州文化部长联席会议第一次对德国职教教师资格进行了规定，德国职教教师于70年代正式进入国家公务员的行列，实现与文科中学教师同属于一个等级，可以说通过这一步正式确立了职教师资培养的外在形式专业化。

总体而言，这一时期德国职教师资培养专业化的成功确立的因素是多方面的。有些研究者将成功的因素总结如下：一是联邦政府对于现代化教育系

① 沃尔德玛·鲍尔.德国的职业教育教师[M]//葛洛曼 F，劳耐尔 F.国际视野下的职业教育师资培养.石伟平，译.北京：外语教学与研究出版社，2011：117-151.

② 德国中等教育第二阶段，相当于我国高中阶段教育。

③ 陈祝林，徐朔，王建初.职教师资培养的国际比较[M].上海：同济大学出版社，2004：6.

统的讨论，以及基于科学导向的教学概念的职教体系的扩张，这就需要经过科学化培养的教师；二是提高职教教师的社会地位和吸引力，缓解了职教师资短缺的问题；三是符合职教教师联合会的利益，达到提高职教教师薪资待遇的目标。

三、专业化的科学发展阶段（20世纪70年代至今）

随着德国职教师资培养专业化的确立，人们对职教教师的专业化发展在不断进行讨论，进而影响德国职教师资培养专业化的改革。其中之一，在于对传统学科导向的职教师资培养模式的批判。

20世纪以来，职教师资培养的主要模式是基于技术知识领域的学科导向的培养模式。这是因为长期以来职教教师为了争取和文科中学教师的同等地位，而等级森严的德国公务员制度没有其他融通途径可行，因此职教教师联合会只能通过要求职业学校的教师经过4~5年的大学教育，才能使职教教师达到和文科中学教师同样等级。这种“文科中学化”的职教师资培养模式却引发人们的思考和抨击。1973年，各州文化部长联席会议使用“职业专业”术语来重新定位职教师资培养中的学科导向，正式开启职教师资培养的新方向。反对学科导向的职教师资培养模式的人们认为，职教教师的专业知识结构，应该脱离大学纯粹的学科知识体系，职教师资教育应该立刻摆脱学科专业导向。同时，这种反对“文科中学化”的职教师资培养模式的观点还引发了一场关于职教师资培养层级的讨论，如将职教师资培养的机构由大学转移至高等专业学院，从而改变职教师资培养的学科导向。

这一讨论引发了职教师资培养课程的改革。人们认识到，职业技术科学不等同于相关工程科学，职教教师的专业知识也不等同于相关专业的工程学知识，而是应当发展为一门独立的学科体系。这样，职教师资培养课程的内容研究，开始摒弃原来高校学科体系的分类，转向“职业领域”的研究，从而将职教的理论研究推向新的视角，同时引发人们对专业教学法的讨论和共识，即职教教师在大学里学的专业知识，不等同于向职业学校学生教授的知识。

进入21世纪，人们对职教教师的专业发展有了更深入的讨论，逐渐从社会学意义上的教师专业化转向更加关注教育学意义上的教师专业发展。同时，受“国际学生评价项目”（PISA）和“博洛尼亚进程”改革的影响，为进一步促进职教教师的专业发展，德国政府在这一时期制订职教教师的专业标准。

该标准的颁布并非一蹴而就。

2004年各州文化教育部长联席会议颁布基于教育科学视角的各类教师教育的普遍标准《教师教育标准：教育科学的视角》。

2008年各州文化教育部长联席会议针对普通教师教育，基于专业和专业教学论的视角颁布了《各州有关教师教育专业学科与专业学科教学法共同内容的要求》（以下简称“《专业学科与教学法标准》”）。

在这两份标准的基础上，2013年，各州文化教育部长联席会议正式发布针对职业学校教师教育的职业性专业的教育要求，2013年颁布了经济与管理专业、金属加工专业教师标准。2014年增补了电气电子技术专业的教师标准[1]。

从专业标准的内容来看，可以发现，教师的职业行动能力、专业教学法等成了这一时期职教师资培养关注的核心，教师的“专业化”被更多地理解为“个体的发展”。这种理念随之对职教教师教育的形式产生影响，如教师的职前教育、职业预备见习阶段，以及为了弥补之前的师资培养中教师教学行动能力培养的缺失，额外在大学学习阶段设立的实习学期，以便培养职教师范生自我专业成长的意识。

纵览德国职教师资的培养发展历程，可以发现德国联邦政府是通过确立职教教师资格制度，并将其纳入国家公务员的序列来加强职教师资的专业化培养。进入21世纪，德国通过制订职教教师的专业标准进一步加强师资培养

① 谢莉花. 专业科学视角下的德国职业学校教师教育标准[J]. 世界教育信息，2015(8)：34-37.

专业化的发展。近年来，专业教学法的研究极大促进德国职教师资培养专业化的发展，不仅为职教教师的专业发展提供有力的理论基础，即职教教师既区别于普通教师又区别于工程技术人员，又为职教教师专业发展的实证研究提供新的视角。目前，德国职教师资培养的理论界对职教教师到底该具备哪些能力领域的研究还在不断发展和拓宽，如专业性和多能力之间的关系问题等，以便更好地帮助职教教师实现内在的专业化。而若将德国职教师资培养的历史仔细梳理，还可发现另一条有意思的路径：一开始德国是按照工程师的培养模式来培养职教教师；随后为了实现职教教师社会地位的提升，即按照普通教育教师的培养模式来培养职教教师；但后来发展到一定程度两条线开始交叉并融合，即人们发现职教教师独立于普通教师和工程技术人员，专业教学法在这时有了大的发展。可以说，这样的职教师资培养历史发展脉络，能在一定程度上促进并诠释德国职教专业教学论的发展和繁荣。

第二节　德国职教师资培养的基本要素

德国自20世纪六七十年代确立了专业化的职教师资培养模式以来，其培养体系在不断发展和完善。本节则围绕专业标准、资格认证、课程设置三个基本要素，对德国职教师资培养的现状进行剖析，以便较为全面地把握德国职教师资培养专业化的形态。

一、德国职教师资培养的专业标准

进入21世纪，德国通过制订职教教师的专业标准进一步加强师资培养专业化的发展。德国职教教师专业标准的颁布并非一蹴而就，在联邦范围内，对于教育事务具有法定权力的各州文化教育部长联席会议从教育科学和专业科学两个视角对职教教师的教育、专业和专业教学能力提出要求。

（一）基于教育学科视角的专业标准

2004年，德国各州文化教育部长联席会议颁布《教师教育标准：教育科学的视角》，该标准是德国联邦政府颁布的第一个针对各类教师教育的普遍标准，即规定教师在一般意义上的教育教学领域应当具备的能力，此能力与专业无关，是不同类型、层次和阶段的学校所有学科的老师需要具备的能力，因此对职前培养阶段的师范生和已进入教师生涯的教师都具有重要的意义。该标准的出台与2000年发布的《德国教师教育展望》报告有密切的关系。1998年9月，德国各州文化教育部长联席会议组建“教师教育联合委员会”，以期对德国当前的教师教育体系进行研究，委员会的成员均为来自科学与教育管理领域的专业人员。该报告的出台为21世纪德国教师教育改革奠定基础，其中包括面向高等教育阶段教师教育标准的出台[①]。

从内容上看，该标准指出未来教师应当具备在教学、教化、评价和创新四个领域的11种能力。在四个领域，教师应成为教和学方面的专家，履行其教化职责，合理而负责地完成评价工作，持续不断地发展自己的能力。每一个能力领域下又分为若干个能力，分别对每个能力在理论教学阶段和见习阶段的标准给出定义。具体内容见表5-1。

（二）基于专业和专业教学论视角的专业标准

在《教师教育标准：教育科学的视角》（以下简称“《教师教育标准》”）基础上，德国各州文化教育部长联席会议于2008年针对普通教育出台《各州有关教师教育专业学科与专业学科教学法共同内容的要求》（以下简称“《专业学科与教学法标准》”）。二者作为对各个教师教育专业进行资质认证及评估的基础。《专业学科与教学法标准》包括以下内容：一方面对教师所应具备的知识、能力、技能和态度，即学科专业能力进行描述；另一方面针对具体学科（或专业）的概貌进行描述。

① 覃丽君.德国教师教育研究[D].重庆:西南大学,2014:84.

表5-1 德国《教师教育标准：教育科学的视角》能力要求[1]

能力领域	能力	理论教学阶段的标准	见习阶段的标准
第一能力领域：教学——教师是教和学方面的专家	能力1：教师按照学科专业及实际情况的要求设计课程，并正确加以实施	1)了解相关的教育理论，理解教育理论方面的目的以及由此推导出的标准，批判性对此加以反思；2)熟悉普通教学法和学科教学法，知道在设计课程时要注意些什么；3)了解不同的授课方法和作业形式，并且知道如何根据具体的要求和情境恰当加以应用；4)掌握媒体教育学与媒体心理学的知识，了解根据具体的要求和情境在课程中恰当应用媒体的可能性和局限性；5)熟悉评价教学效果与课程质量的程序	1)能够结合学科专业与学科教学法方面的论述来规划和设计课程；2)在内容、方法以及工作和沟通的形式中做出选择；3)能在教学法方面恰当地融合现代化的信息技术与交流技术，并反思自己对媒体的应用；4)会考核自己教学的质量
	能力2：教师通过设计学习情境来支持学生的学习。教师鼓励学生，让学生有能力建立知识间的联系以及应用所学的知识	1)熟悉学习理论以及学习的形式；2)知道如何让学习者积极地参与课堂教学，支持他们对知识的理解和迁移；3)熟悉学习动机与成就动机理论并知道如何在教学中应用这些理论	1)激发学生使用各种不同的学习形式，并给予支持；2)根据有关学生如何获取知识与能力的知识来设计教学过程；3)唤起并强化学生学习的积极性和成就动机；4)领导和陪同学习小组
	能力3：教师帮助学生发展自主学习与工作的能力	1)了解能够积极影响学习成就和工作结果的学习动机和自我激励策略；2)了解促进自主、自决以及合作式学习和工作的方法；3)知道如何在课程中发展终身学习的兴趣	1)传授和促进学习策略与工作策略；2)向学生传授自主、自决以及合作式学习和工作的方法

① 孙进.德国教师教育标准：背景•内容•特征[J].比较教育研究，2012(8)：30-36.

续表

能力领域	能力	理论教学阶段的标准	见习阶段的标准
第二能力领域：教化——教师履行其教化职责	能力4：教师了解学生的社会文化生活条件，在学校的框架下对学生个人的发展施加影响	1）了解有关儿童和青少年发展与社会化的教育学、社会学和心理学理论；2）了解学生在学习过程中所处的不利境地，知道如何提供教育救助和采取预防性措施；3）在设计教育教学过程时注意跨文化维度；4）了解性别特征对教育过程的影响及其意义	1）认识到学生所处的不利境地，提供教育救助和采取预防性措施；2）向学生提供个性化的支持；3）注意到各个学习小组中的文化和社会背景的多样性
	能力5：教师传授价值和规范，支持学生自主地判断和行动	1）了解并反思民主的价值和规范以及对此的传授；2）知道如何促进学生形成有价值意识的态度和发展自主判断和行动的能力；3）知道如何支持学生应对个人的危机和决策情境	1）反思价值与价值态度并采取相应的行动；2）和学生逐步地练习自主的判断和行动；3）使用富有建设性地应对价值冲突的形式
	能力6：教师可以找到解决学校和课堂中困难与冲突的办法	1）掌握有关交流与互动（特别是师生互动）的知识；2）熟悉谈话的规则以及相互交往的基本原则，即那些对于课程、学校和家庭工作重要的规则和原则；3）了解儿童和青少年阶段的风险和危险以及相应的预防和干预措施；4）善于分析冲突，了解建设性地解决冲突以及应对暴力的方法	1）能够设计课程和规划学校中的社会关系和社会学习过程；2）与学生一起确定相互交往的规则并加以落实；3）根据具体的情况应用预防和解决冲突的策略和行为方式

续表

能力领域	能力	理论教学阶段的标准	见习阶段的标准
第三能力领域：评价——教师合理而负责地完成评价工作	能力7：教师能够诊断学生的学习前提和学习过程，有针对性地促进学生的学习，向学生及其父母提供咨询	1）知道不同的学习前提会如何影响教学活动，并知道如何在教学中照顾到这种情况；2）了解高天赋和特殊天赋以及学习与工作障碍的各种表现形式；3）熟悉诊断教学过程的基础；4）了解对学生及其父母提供咨询的原则和方法	1）能够识别发展现况、学习潜力、学习障碍以及学习上的进步；2）能够认清学生在学习方面的起点，并应用特定的促进措施；3）能够辨认出学生的天赋，知道如何促进有天赋学生的发展；4）协调学习的可能与学习的要求；5）根据具体的情况使用不同的咨询形式，能将咨询功能和评价功能区分开；6）在提供咨询与建议时与同事进行合作；7）在发展咨询服务项目时，与其他的机构进行合作
	能力8：教师根据透明的评价标准评价学生的成绩	1）了解成绩评价的不同形式及其功能和优缺点；2）了解成绩评价的不同参照体系，并能对其进行比较权衡；3）了解对成绩评价进行回馈的原则	1）能够依照标准设计考题并针对目标群体做出相应的表述；2）根据学科专业和具体的情况应用评价模型和标准；3）与同事就评价的基本原则进行交流；4）向目标群体恰当地说明评价的结果并指明下一步学习的方向；5）将成绩考核用作是对自己教学活动的建设性回馈

续表

能力领域	能力	理论教学阶段的标准	见习阶段的标准
第四能力领域：创新——教师需持续不断地发展自己的能力	能力9：教师对于教师职业的特殊要求有清醒的认识。他们将其职业视为是负有特殊责任和义务的公共职务	1）了解教育体制的基础、结构以及作为组织的学校；2）了解其活动的法律框架（如基本法、学校法等）；3）反思自己有关教师职业的价值观和态度；4）知道有关负担和压力研究的主要结果	1）学会应对压力；2）有针对性地、节约地使用工作时间和资源；3）利用同事间的相互咨询支持课程开发和缓解工作压力
	能力10：教师视其职业为持续性的学习任务	1）了解自我评估和外部评估的方法；2）阅读和评判教育研究的结果；3）熟悉学校中的组织条件和合作结构	1）反思自己的工作经验和能力及其发展，能够从中获得启发；2）将教育研究的结果用于自己的工作；3）为自己和他人将自己的工作及工作结果记录下来；4）给他人提供回馈，并通过听取他人的回馈来完善自己的教育工作；5）充分利用各种参与的机会；6）了解并利用提供给教师的各种支持；7）参加正式的、非正式的、个人式和合作式继续教育项目

续表

能力领域	能力	理论教学阶段的标准	见习阶段的标准
第四能力领域：创新——教师需持续不断地发展自己的能力	能力11：教师参与规划和实施学校项目和计划	1)了解并反思不同类型的学校和教育途径各自特定的教育任务；2)熟悉学校发展的目标和方法；3)知道成功进行合作的条件	1)将课程研究和教育研究的结果应用于学校发展；2)使用对课程和学校进行内部评估的程序和工具；3)以合作的方式规划学校项目和计划，并加以落实；4)支持小组取得好的工作成绩

首先，在学科专业能力方面，《专业学科与教学法标准》分别对教师教育的大学学习阶段、见习阶段、进修和继续教育阶段的三个不同阶段需获得的能力进行描述。其中，学生通过大学阶段的学习重点掌握所选学科专业的专业知识、认知手段、工作方法及专业教学法知识；见习阶段需要获得与教学实践相关的能力；进修和继续教育阶段需要从专业和个性两方面发展教师的专业能力。具体能力要求见表5-2。

其次，在学科概貌方面，对师范生所应具备的专业能力和知识，以及各学科专业和教学法内容进行描述。《专业学科与教学法标准》的学科概貌包括普通教育/特殊教育和职教两大部分的内容。2013年，德国各州文化教育部长联席会议正式颁布针对职业学校教师的专业标准要求，但一开始只开发了16个专业中的两个专业标准，即经济与管理专业、金属加工专业教师标准，2014年增补电气电子技术专业的教师标准①。需要指出的是，“学科概貌”的内容需要成为各学科/专业课程中的一部分，但其对不同学科或专业内容的划分方式并非要求不变，且师资培养的高等教育机构可根据实际情况对“学科

① 谢莉花.专业科学视角下的德国职业学校教师教育标准[J].世界教育信息，2015(8):34-37.

概貌”进行适当调整①。每个“学科概貌”包括本学科或本专业特定的能力概貌和学业内容（包括学科和教学法内容）两部分。此处以金属加工专业为例，来呈现职业学校教师教育的专业标准，见表5-3。

表5-2 德国《专业学科与教学法标准》能力要求②

学习阶段	能 力	具体要求
大学学习阶段	掌握贯通性的专业知识	1)学生具备有关其专业领域扎实的和结构化的专业知识(支配性知识);2)可以借助概括性的介绍(导向性知识)了解本学科当前的基本问题;3)可以反思并使用有关本学科的知识(元知识),并可以追溯其主要的思想史和科学理论,对于职教的专业学科,这种反思还包括对职业实践中获取的经验的反思;4)能够通过接触其他学科进一步扩展自己的专业知识并由此开发跨学科的技能
	掌握本专业的认知手段和工作方法	1)学生熟悉其学科专业的认知手段和工作方法;2)能够在其学科专业的核心领域应用这些方法
	掌握贯通性的专业教学法方面的知识	1)学生具备有关专业教学法理论方面的扎实的和结构化的知识,能够从教学法的角度分析专业知识内容及其教育效果;2)了解并且能够使用有关其专业的教学法和学习心理学的研究成果;3)了解其专业的成绩评价的基本原则;4)了解能促进或阻碍学习的学生特征,并能够有针对性地设计和构建差异性的学习环境

① 覃丽君.德国教师教育研究[D].重庆:西南大学,2014:84.

② 孙进.德国教师教育标准:背景·内容·特征[J].比较教育研究,2012(8):30-36.

续表

学习阶段	能　力	具体要求
见习阶段	1)设计及构建学科教学;2)处理复杂的课堂情境;3)促进学习的可持续性;4)掌握其学科专业的成绩评价方法	
进修和继续教育阶段	从专业和个性两方面发展教师的专业能力	

二、德国职教师资培养的资格认证

(一)资格的类别

德国没有制订统一的职教师资培养教学大纲，只做了框架性的规定。1973年，各州文化部长联席会议为职业学校中各职业科目教师的教育和考核制订了一个全国性的框架，可视为全国统一的基础和最低标准。1995年，该框架进行了改革。2013年，州文教部长联席会议对1995年的《中等职教教师培养和考核框架协定（第5类型教师）》进行了修订，该协定指出，中等职业学校教师的培养是在大学进行的科学认识和职业实践，以培养未来教师专业方面和教育方面的具有专业化水平的行动能力。师资培养分为两个阶段：含学校教学实践的大学教育阶段（学士和硕士学习模式或国家考试模式）和预备阶段①。大学学习结束，需要参加第一次国家考试；预备实习阶段结束，需要参加第二次国家考试。两次国家考试通过才可获得职业学校教师资格。在大学学习阶段，德国高校内职教教师教育按专业大类设置16个专业大类，包括经济与行政、金属加工技术、电子技术、建筑技术、木工技术、纺织与服装、生产工艺、媒体技术、装潢设计、健康与身体护理、家政与营养、农业经济、社会教育、护理、车辆技术、信息技术，覆盖了中等职教的所有专业。

① 谢莉花.德国职业教育师资培养的三性融合课程及启示[J].外国教育研究,2014(5):24-32.

表5-3 德国职业学校金属加工专业教师“学科概貌”

一、能力概貌
1. 掌握基本的金属加工工艺的专业知识，掌握专业教学法相关的理论知识和方案以及对工作和职业实践进行反思的元知识 2. 能够运用科学工作方法对专业领域规律性问题进行探索和评价 3. 能够结合技术和培训对工作流程进行分析、反思，如有必要，进行调整 4. 掌握专业教学法的知识，能够对学生是否满足学习前提进行评价，能够应对学生之间的差异性和融合问题，以及结合这些情况来计划和组织金属加工工艺的职业培训和操作实践 5. 具有计划、组织并执行以能力发展为目标的课堂教学的经验并能对该过程进行反思，能过对学生的学习过程进行自发的创新，跟踪和反思 6. 能够对课堂教学、培养计划和学校教育进行全局考虑并结合其他参与教育的机构，以实现使学生在今后的工作和生活中具有社会责任的教育目标
二、学业内容
(一)专业知识内容
1. 数学及自然科学的基本知识及其在工程中的应用 2. 机械工程 3. 工程热力学 4. 生产制造技术 5. 材料学 6. 工程通讯 7. 结构工程 8. 机械构造 9. 劳动科学 10. 电子技术 11. 信息技术 12. 测量与控制技术 13. 其他与职业类技术工作工程、系统和组织结构相关的专业内容 14. 质量管理、社会管理和环境管理以及工作安全

续表

(二)金属加工工艺教学法的内容
1.分析和职业类技术工作以及教学阶段相关的学习对象 2.分析、设计和评价职教及职业资格认定的过程 3.计划并执行职教的教学工作,并对教与学作出反思 4.能够应对不同的学生群体及处理融合问题,能够对学生的个体学习作出诊断,评价并促进其学习 5.专业教学法的教育研究

（二）资格认证的机构

在德国，要成为职业学校教师，必须经过两次国家考试。第一次国家考试是在学生结束大学学习后进行的，由州政府委托大学实施；第二次国家考试在预备实习阶段进行，由国家考试委员会组织，各州政府的教育部门负责实施。因此，从资格认证的机构来看，第一次国家考试主要由大学负责认证，第二次国家考试由州教育部门负责认证。

（三）资格认证的程序与要求

第一次国家考试中，由各州颁布针对第一次国家考试的规章，考试的主管部门是各州的考试局。考试由考试委员会按照考试条例进行，委员会由大学教授、职业学校校长和有关考试机构的代表组成。通常，该考试分为以下几个部分：①第一或第二学科的论文，或关于教育科学/职业教学论的学科论文；②所学科目的笔试和口试，主要对科目的学术性方面进行考查，同时可能考查与学科相关的教学法；③教育科学考试，侧重于职业教育[①]。目前，在德国一些州，如不莱梅、汉堡等，用文凭考试替代第一次国家考试。学生通

① 梁杰.中等职教师资培养模式研究[D].秦皇岛:河北科技师范学院,2015:25.

过第一次国家考试或大学毕业时的工程师资格考试（参加考试的种类取决于所学的专业内容，如工程类专业需通过工程师资格考试），方可进入职业学校教师培养的第二阶段。

德国各州逐步将第一次国家考试的主权下放给高校，国家保留对其进行监督的权限。八个联邦州已用硕士毕业考试取代第一次国家考试①，而在其他州只是部分承认大学学习阶段的毕业考试，仍实施具有补充作用的第一次国家考试。

除以上职业学校教师主要培养方式外，普通大学毕业生可以参加第二次国家考试成为职业学校教师，但要具备5年或5年以上工作经验，进行为期两年半的教师培训后，方可参加第二次国家考试，取得职业学校教师资格。

三、德国职教师资培养的课程设置

（一）开设课程的机构

有学者对德国90年代职教师资培养的机构和学生数量进行了统计。1997年，共有18 790名学生就读于德国职教师范专业，分布于46所大学（见表5-4）。但是不同培养机构的学生数量分布不均匀，如汉诺威大学的职教师资培养专业的学生超过千人，伊尔梅瑙大学仅有几十人。在专业分布上，也呈现出分布不均匀的态势，如经济类的超过一万人，印刷技术仅有几十人。在地域上，同样呈现出东西部不同的态势，西部各州职教师资培养机构的师范生人数呈下降趋势，而东部各州职教师资培养机构的师范生人数呈上升趋势。90年代以来，针对德国职教师范生紧缺的状况，德国职教师资培养专业进行一些改革。目前，德国的主要综合性大学和理工科大学都设有职教教师教育专业②。

① 李小丹.德国职业学校教师资格制度研究[D].天津：天津大学，2009:21.

② 徐朔.德国职业教育教师培养的历史和现状[J].外国教育研究，2004(5):56-59.

表5-4 德国职教师资培养机构（在校师范生数超过500的大学）①

学校	招生数(人)	在校生数(人)
汉诺威大学	192	1 061
汉堡大学	73	994
卡塞尔大学	99	962
哥廷根大学	54	896
慕尼黑大学	136	894
科隆大学	39	796
艾森大学	98	765
亚琛大学	92	765
柏林洪堡大学	239	741
多特蒙德大学	84	667
奥登堡大学	98	645
曼海姆大学	90	633
艾尔兰根大学	137	633
波鸿大学	85	581
不莱梅大学	117	539
美因茨大学	39	514

（二）课程开展的形式

德国师资培养共分为两个阶段：含学校教学实践的大学教育阶段（学士和硕士学习模式或国家考试模式）和预备阶段。在大学教育阶段，由于是学历教育，课程开展的形式主要是全日制课程。与此同时，学生的教学实践在大学教育阶段是贯穿始终的。在预备阶段，由教育学院和教师见习所在的职业学校共同培养职教的教师，采取“师傅带徒弟”的方式进行，内容包括课程旁听、在培训学校接受指导、独立开展教学活动，以及在师范学院学习教育理论和与专业相关的教学法。在研讨班里，注重通过个人的实践培训对其所获得的经验进行重新评估和巩固。

① 徐朔.德国职业教育教师培养的历史和现状[J].外国教育研究,2004(5):56-59.

（三）课程模块与内容

德国在大学层次培养职业学校教师，一般接受职业师范教育的基本要求是具备高等教育入学资格，要想获得这一资格，要求完成13年的在校学习，并通过毕业考试。学生还必须具有至少12个月的工作经历，这段工作经历与所学的职业学科相关①。德国职教师资培养在大学教育阶段一般共计10学期（学士6学期，硕士4学期），需完成300学分；国家考试模式则共计9个学期，270学分，累计160个周课时，学生完成学习后需参加第一次国家考试（或文凭考试）。另外，还需完成与本专业相关的12个月左右的专业实践。预备阶段一般为12~24个月②，以第二次国家考试作为该阶段的终点。通过第二次国家考试后可以获得相应的教师资格。预备阶段是学生在完成大学教育阶段的学术培养后在职业学校实践学习，包括处理课堂教学以及独立上课等③。由于本研究聚焦于初始教师教育阶段，笔者主要对德国职教师资培养的大学教育阶段的课程模块与内容进行分析。

德国不莱梅大学在职教师资培养方面久负盛名，因此本研究以德国不莱梅大学的职教教师培养的金属与车辆技术专业为例，来阐述德国职教师资培养大学阶段的课程模块与内容。该专业课程分为本科层次（6个学期）和硕士层次（4个学期）两个阶段，本科层次需完成180个学分，硕士层次需完成120个学分。

1.本科层次课程

德国不莱梅大学的金属与车辆技术职教教师教育专业的本科层次课程共180个学分，分6个学期完成，包括7个模块（见表5-5），分别是职业教育学、职业科学、专业方向重点课程、专业基础知识、专业理论知识、专业选

---

① 李文静.中等职业教育教师专业化的制度保障研究[J].河北大学成人教育学院学报,2012(2):85-89.

② 不同的州要求的预备阶段的时间长度有所不同。如不莱梅州现要求预备阶段为18个月。

③ 谢莉花.德国职业教育师资培养的三性融合课程及启示[J].外国教育研究,2014(5):24-32.

修、结业模块。除此之外，学生还需完成相应的实践实习。学生在本科的第一学年的寒暑假需进行导向性实习，实习的内容是为了检查学生自身的职业愿望；学生在第二个或第三学年中，或者第五和第六学期之间的假期需去职业学校进行实践导向基础实习，具体时间由专业自己决定。

表5-5 德国不莱梅大学金属与车辆技术职教教师教育专业本科层次课程

模块	课程	学分	开设学期
职业教育学（各专业相同，共30学分）	职业教育与培训的基础	6	1
	学习者及其学习过程的伴随	6	2
	学习进度的掌握和评价	6	3
	教育管理的行动领域	6	4
	项目管理：教育项目的设计	6	5
职业科学（30学分）	职业及其组织方式	6	1
	职业科学研究方法1	6	2
	职业科学研究方法（应用）2	6	3
	职教实践研究：项目研讨1	6	4
	职教实践研究：项目研讨2	6	5

续表

模块		课程	学分	开设学期
专业方向重点课程（汽修和金属技术方向任选一个，30学分）	/	人、机器和组织	6	1
		房屋、楼宇系统及可持续发展（环保技术）	6	2
		诊断及维修方法	6	3
	汽修深化课	汽车、诊断、维修	6	4
		汽车及零部件	6	5
	金属技术深化课	机电一体化系统	6	2
		CNC（数控机床）技术	6	5
专业基础知识（30学分）		数学基础	6	1
		电子技术、信息技术及控制技术	12	2
		交叉的专业或科学内容	12	3/4
专业理论知识（30学分）		工程力学	6	1
		设计和制造技术	12	3/4
		生产技术和工艺设备	6	3
		工艺流程学与自动化技术	6	4
专业选修（18学分）		选修课	18	1–5
		研讨班		6

续表

模块	课程	学分	开设学期
结业模块 （12学分）	论文	12	6

德国不莱梅大学金属与车辆技术专业本科层次课程需3年6个学期完成，具体课程内容如下：

（1）职业教育学：该模块包括5门课程。分别为“职业教育与培训的基础”“学习者及其学习过程的伴随”“学习进度的掌握和评价”“教育管理的行动领域”“项目管理：教育项目的设计”。

（2）职业科学：该模块包括5门课程。其中，“职业及其组织方式”课程是为了让学生了解关于金属技术专业的职业培训（包括职业培训的系统、规则方法）和就业的基础知识。“职业科学研究方法1”课程是研究在过去这些年已经开发出多样化的工具和方法，并以此来研究工作、技术和能力的发展之间的关系。此外，这些工具和方法适合于准确确定职业工作任务，这些工作任务对于资格的认证过程非常重要。具体内容包括：行业分析、案例分析、工作过程分析。“职业科学研究方法（应用）2”，是为了让学生能在已选取的工作和技术领域以及职教各个学习地点进行理论的开发和不同课程模式的实践应用。“职教实践研究：项目研讨1”，是为了让学生能够在一个公司中，对已经选择好的企业培训实践问题开展研究。“职教实践研究：项目研讨2”，是为了让学生能够在缺乏资格框架结构的背景下分析职业专业特定领域的职业教育，或者通过制订相应的教育措施以减少赤字，以及改善职业培训。

（3）专业方向重点课程：该模块包括7门课程。其中，汽修方向和金属技术方向分别任选两门课程。公共课分别为“人、机器和组织”“房屋、楼宇系统及可持续发展（环保技术）”“诊断及维修方法”。汽修方向的课程分别为“汽车、诊断、维修”“汽车及零部件”。金属技术方向的课程分别为“机电一体化系统”“CNC（数控机床）技术”。

（4）专业基础知识：该模块包括3门课程。其中，“数学基础”是开发用于金属工艺领域技术和经济问题的数学处理的基本辅助工具和数学方式方法的介绍。“电子技术、信息技术及控制技术”引入了电工技术、控制技术、机器人和自动化物流的基本原理。“交叉的专业或科学内容”包括物理、热力学、能源环境、材料技术方面的知识。

(5) 专业理论知识：该模块包括4门课程。其中，“工程力学”简单介绍机械系统中静力学、动力学和弹性力学的基本原理。“设计和制造技术”介绍技术产品文档的基础知识，即创建技术插图及机械零件和组件图的规则和方法。除此之外，也教识别技术产品的空间想象能力。“生产技术和工艺设备”是阐述装配技术的基本原理，必要的技术知识以及它们之间的关联。“工艺流程学与自动化技术”引入工艺技术结算的基本原则、工艺、机械设备、工艺过程。

(6) 专业选修：该模块课程可以选择专业科学知识，在一定程度上，最多4个学分来自普通学科课程。其他专业领域的课程可以结合到模块任务中。学生通过该模块的学习能够根据自己对专业的喜好选择课程。模块课程能够强化学生的专业知识，促进能力发展。课程也要为未来学术或职业生涯的目标服务。

(7) 结业模块：学生通过该模块学习能够写出一篇符合科学标准学士论文，具备提出研究问题的能力，从自己界定的任务中选择适合的研究方法并进行科学论证的能力。

2. 硕士层次课程

德国不莱梅大学金属与车辆技术职教教师教育专业的硕士层次课程共120个学分，要求申请人具有职教相关师范类本科学历或者相关专业类本科学历，分4个学期完成，包括5个模块（见表5-6），分别是职业类专业教学法、职业教育学、关键能力、第二专业方向、硕士论文。在此期间，学生还需完成相应的实践实习。在硕士的第二学期，学生要同时去职业学校实习并且及时地回大学进行反馈。反馈课一般在实习的开始阶段、中间阶段以及结束之后，对学生的教学实习进行指导和讨论。

表5-6　德国不莱梅大学金属与车辆技术职教教师教育专业硕士层次课程

模块	课程	学分	开设学期
职业类专业教学法（24个学分）	职业类专业的教学法和教学理论	6	1
	职业类专业的工作和技术	6	2
	专业教学项目（实习）	12	2/3
职业教育学（12学分）	职业教育学导论	6	1/2
	学习、发展和社会化	6	2/3
关键能力（9学分）	科学论文	3	1
	异质性交往	3	2
	自选	3	1-4
第二专业方向（60学分）	专业科学	45	1-4
	专业教学论	15	
硕士论文（15学分）	硕士论文	15	4

德国不莱梅大学金属与车辆技术专业硕士层次课程需2年4个学期完成，具体课程内容如下：

(1) 职业类专业教学法：包括金属技术和车辆技术两个方向的专业教学

法。每个方向的专业教学法都包括3门课程。

其中，“职业类专业的教学法和教学理论”要求学生通过该课程学习，能够了解在职教中以专业知识系统化和以过程为导向这两个出发点之间的差异，能够反映它在教育措施制订中的关联，尤其是涉及学习领域。研究各种教学计划，并且能从中得出简化的素材分配计划。能够分析职业性课程，并且能从这些课程中推导出学校教育措施的目标和内容。具有在备课和组织课堂教学中有用的主要（专业）教学法知识。设计第一个教学单元，在团队里展示；能够基于各种评判准则对课程进行评价。

“职业类专业的工作和技术”要求学生通过该课程学习，能够研究金属技术/交通工具工程学领域培训和进修中的基本的职业和专业教学问题；能够分析工作、技术和职业培训三者的发展和关系；能够反映冶金职业的发展；了解交通工具工程学职业的培训和进修的各个学习地点的任务和功能；理解规章制度在产生和进一步发展中的进程，理解规章制度对职业发展和规划的影响。能够进行案例分析，尤其是与职业学校教育有关的案例；能够把职业类专业、职业领域以及所属的“双元制”和全日制培训的职业归入职教，并且能在其内容上加以区分；熟悉工业和手工业中专业工作的主要任务、工作对象和工作程序，能够运用相关专业知识；理解职业规划是社会伙伴和教育政策实施者之间的以兴趣为导向的协商过程；了解学校和企业职教的相关法律规定（法律、法规和公告）并且能够运用它们；能够批判地反映技术和工作组织上的变动对职场中特定技术工作的影响，在安排学习活动时重视这一影响；能够反映职业操作领域和它与职业相关的因素，从学习和实习任务中推导出发展规律，把知识嵌入职教中去。

“专业教学项目”则是要求学生在职业学校金属与车辆技术专业中，实现与实践操作课相关课程的教学设计、实施、分析和反思，重要目的是将理论知识设计和运用到学习情境中去以及对实践经验的理论反思。另外，本模块还将启发学生对自身的职业发展的批判性反思。

（2）职业教育学：该模块包括两门课程。其中，“职业教育学导论”要求学生获得职业教育学的导论知识，能够阐述职教的相关问题，掌握基于教育学理论的解决问题的技巧和研究的技巧；“学习、发展和社会化”将使学生理解并尽可能实现学习过程，并以此教授学习、发展和社会化理论，同时在个性和职业发展理论的框架内介绍（可能的）发展阶段和维度。

(3) 关键能力：学生可从大学的选课系统中自由选择课程内容，以促进学生的关键能力的培养。

(4) 第二专业方向：第二专业方向的课程涉及普通教育专业的课程，包括德语、数学、英语、化学、物理、政治等。

(5) 硕士论文：学生通过该模块学习，能够根据他们自己提出的任务选择合适的研究方法，通过科学的方式阐述研究问题，完成一篇符合科学标准的硕士论文。

第三节　德国职教师资培养的主要特点

通过前面对德国职教师资培养的历史演变和基本要素的梳理，本节对德国职教师资培养的主要特点进行总结。

一、国家政府的主导地位

从德国职教师资培养的历史来看，可以发现德国国家政府在职教师资培养中的主导地位和作用，而这种主导地位尤其体现在德国对职教教师的资格认证制度上。自20世纪70年代，德国各州文化部长联席会议提出职教师资培养的典型模式，要求学生需通过第一次和第二次国家考试才可获得职业学校教师资格，德国第一次对职教教师资格进行正式规定，确立其法律地位，职教教师随之正式进入国家公务员的行列。从此以后，德国的职教教师资格认证制度在全国统一施行，职教师资的培养围绕“两次国考”在全国全面展开。

由于德国职业学校教师与公务员的同等地位，为所有学校培养教师则是德国各州教育文化部的责任。德国各联邦州掌握管理文化和教育事务的权力，每个州都颁布各自针对教师职业两次国家考试的规章。由于各州经济社会背景的差异，上述规章和国家考试的一致程度存在州际差异。为保障教师职业国家考试在各州的可比性和认可度，各州文化部长联席会议颁布《针对教师职业培养和考试的框架协议》，以及专门针对职教教师的《对高中（职业科目）或职业学校教师培养和考试的标准框架协议》。相关的规则条款还有师范教育法规、大学中师资培养课程的学习章程、第一次国家考试的考试章程、有关预备性服务的培训章程和第二次国家考试的考试章程等。

可见，德国通过这种国家干预的方式加强职教教师的培养，为职教教师的职业地位提供保证。这种全国性教师资格认证制度的建立，不但使教师资格认证制度进一步得到规范，提高全国整体的职教师资质量，而且有利于促进职教工作的横向比较与交流，在很大程度上促进职教师资专业化的形成。

二、专业化的职前培养途径

20世纪70年代，当西方社会学领域热烈讨论教师职业专业化进程的时候，德国人就已经开始关注职教教师培养专业化体系建设。当时的德国教育学会就曾明确指出：“独立开设并与相关学科相协调（而不是对应）的大学专业教育，是职教师资专业化的基础。”基于这一理念，德国在职教师资培养方面，形成了专业化的职前培养途径：如开设专门培训教师的机构和职教教师师范专业，招收经过至少12个月的实习工作或者参加过职业培训的高中毕业生，进入大学学习阶段，学制为5年，通过第一次国家考试毕业，获得硕士学位；然后进入为期两年的实习期，再通过第二次国家考试，才完成一个职教师资的培养过程，有资格受聘担任职业学校教师[①]。可见，德国通过专门设

① 刘晓萍.德国职教师资之重:“师傅”培养制度研究[D].天津:天津大学,2008:45-46.

置职教教师教育专业，按照专业的基本要求设置培养目标，开设有关课程；开设教育学院或技术和教育研究所的专门培养机构；并授予准职教教师学士和硕士学位等方式，建立了德国职教师资专业化的培养途径。

三、综合职业能力观的专业标准

德国对职教师资提出了较高的专业标准要求。对于职业学校教师而言，基于一般教育学视角，德国要求未来教师应当具备在教学、教化、评价和创新四个领域的11种能力。在四个领域，教师应成为教和学方面的专家；履行其教化职责；合理而负责地完成评价工作；持续不断地发展自己的能力。基于专业和专业教学论的视角，学生应通过大学阶段的学习重点掌握所选学科专业的专业知识、认知手段和工作方法、专业教学法知识。在预备阶段，学生通过在学校见习获得与教学实践密切相关的能力，具体包括：设计及构建学科教学；处理复杂的课堂情境；促进学习的可持续性；掌握其学科专业的成绩评价方法。前述大学阶段的学习则是这些能力发展的基础。与此同时，进一步对师范生所应具备的专业能力和知识，以及各学科专业和教学法内容进行了描述，提出不同学科或专业的“概貌”，“概貌”的内容需要成为各学科/专业课程中的一部分。

可见，从基于教育学视角和基于专业和专业教学论视角的专业标准来看，德国职教师资培养体现了综合能力导向的培养目标。教育学视角的专业标准提出了专业目标，即为培养从事职业教育与培训的某专业领域的具有专业和职业能力、专业教学能力和教育能力的人员。专业和专业教学论视角的专业标准则提出了课程目标，即是在教师的各个工作领域和能力框架下培养和促进未来职教教师各方面的职业行动能力①。需要指出的是，两种专业标准都特别提到了专业教学知识的培养，如基于教育学视角专业标准中的教学领域，提出见习阶段“能够结合学科专业与学科教学法方面的论述来规划和设计课

① 谢莉花．德国职业教育师资培养的三性融合课程及启示[J].外国教育研究，2014(5):24-32.

程”；基于专业和专业教学论视角的专业标准则更是针对不同的专业提出了具体专业的教学知识要求，重视了VPCK的培养。

四、严格的教师资格认证制度

职教教师资格认证制度是德国职业院校教师专业化进程的一个重要步骤，获得职教教师资格认证是成为德国职业院校专业化教师的前提条件，德国所拥有的一支特色鲜明、知识丰富、技能过硬的职教师资队伍，也正是得益于其严格的职教师资资格认证制度。德国的职教教师资格认证制度在全国统一施行，获得的职教教师资格证书甚至在整个欧盟范围都能获得承认。从资格认证的程序和要求来看，认证标准综合了多种内容，不仅对职业院校教师的文凭（要求硕士学位）、证书以及学分等做出了要求，还对职教师资的素质能力等做出相应的规定，并与时代的发展紧密结合①。需要指出的是，第二次国家考试中特别提到要考察与所学科目（第一专业和第二专业）相关的教学法问题，重视VPCK的考核。而通过第二次国家考试的预备实习阶段是为了提高职教教师的专业教学能力，这一阶段的设计有利于职教教师VPCK的生成。

五、“三性融合”的课程体系

“三性融合”课程指的是职教教师教育课程体系中的各类课程，即普通教育课程、专业学科课程、教育学科课程要以职教教师教育专业化的培养目标为导向，打破各搞各的而课程割裂的局面，加强学科知识的整合，实现三类课程在学术性、技术性/职业性、师范性方面的融合②。从德国不莱梅大学金属与车辆技术职教教师教育专业的本科层次和硕士层次课程内容来看，职教师资培养的整个课程体系可分为三个部分：专业科学及其教学论、第二专业及其教学论、职业教育及其他社会科学。这三个部分课程在整体上体现了专业性/学术性、师范性/教育性、职业性/技术性，共同为职教教师的职业能力

① 刘晓萍.德国职教师资之重:“师傅”培养制度研究[D].天津:天津大学,2008:48.

② 贺文瑾.职教教师教育的反思与建构[D].上海:华东师范大学,2007:97.

培养服务。同时，各部分课程内部体现了“三性融合”，如专业科学课程内容与教学内容的融合，职业教育课程内容为专业科学及其教学内容提供一般原理知识，第二专业的普通教育类课程内容需与专业科学和职业教育内容进行结合，服务于学生未来的职业活动和个人发展①。

值得指出的是，在德国不莱梅大学金属与车辆技术职教教师教育专业的本科层次硕士层次课程中，“职业科学”和“职业类专业教学法”作为单独的课程模块被列出，体现德国职教师资培养课程的特色。可以说，在德国职教师资专业化日趋完善的进程中，“职业科学”与“专业教学论”两门学科的建立与发展起到至关重要的作用，有人将其形象地称为德国职教师资专业化发展的发动机。从课程模块的内容描述来看，可以发现“职业科学”是职业技术的科学，它系统地研究技术实践工作者（技术工人、技师和技术员等）所需的具体能力，是职教师资培养的主要内容；“专业教学论”是职教的教学理论，如研究教学模块的选择、组合与实施，如何按照职业分析的结果科学地设计和实施教学过程等。可见，德国职教师资培养“职业科学”和“专业教学论”课程模块的开设，有利于从根本上将职教教师与普通教育教师的内涵区分开来，从而促进职教教师专业化的发展。“专业教学论”模块则尤其体现了德国职教师资培养对VPCK的关注。除此之外，学生在大学教育阶段和预备实习阶段的教学实践贯穿始终，如硕士阶段“专业教学项目”课程的设计要求学生在去职业学校实习的同时能及时地回大学进行反馈，要求学生实现与实践操作课相关课程的教学设计、实施、分析和反思，这种教学实践类课程形式的开展有利于学生VPCK的培养。

根据德国职教师资培养的主要特点，同时套用第二章所构建的分析模型，可构建德国职教师资培养模型，见图5-1。在这个模型中，职教师资培养的外部环境中（即外圈）的各个利益相关者，由国家政府占据主导地位。在中圈的职教师资培养体系方面，呈现专业化的职前培养途径的制度架构。内圈

① 谢莉花.德国职业教育师资培养的三性融合课程及启示[J].外国教育研究，2014(5):24-32.

中，三大基本要素呈现以下关系：一是专业标准为课程设置和资格认证提供参照，如专业标准中“学科概貌”的内容需要成为各学科/专业课程中的一部分，且两次国家考试也与专业标准内容相对应；二是课程设置与资格认证内容和要求紧密对应，如有些州甚至将硕士毕业考试取代第一次国家考试。

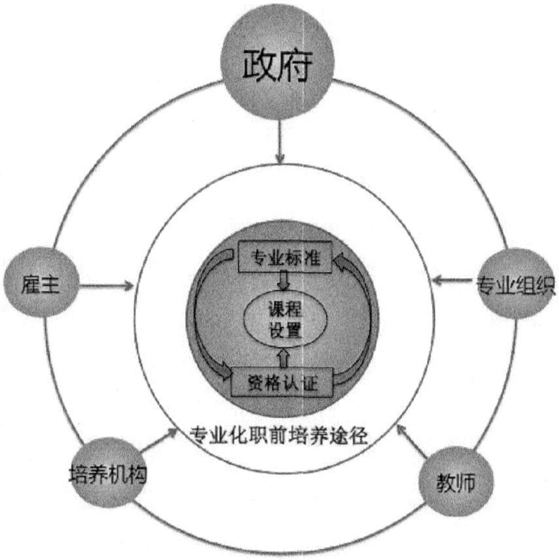

图 5-1　德国职教师资培养模型

// 本章小结

本章根据德国职教师资培养专业化的走向，将德国职教师资培养的历史演变分为学术性教育的肇始阶段（19—20世纪初）、专业化培养的确立阶段（20世纪20—70年代）、专业化的科学发展阶段（20世纪70年代至今）。

为进一步规范职教教师的培养，德国各州文化教育部长联席会议针对各类教师先后颁布基于教育学科视角、基于专业和专业教学论视角的专业标准，在此基础上于2013年首次正式颁布针对职业学校教师的专业标准要求。德国职教师资培养分为两个阶段：含学校教学实践的大学教育阶段（学士和硕士学习模式或国家考试模式）和预备阶段。大学学习阶段，德国高校内职教教师教育设置16个专业大类。大学学习结束，需要参加第一次国家考试；预备实习阶段结束，需要参加第二次国家考试。两次国家考试分别由大学和州教育部门负责认证，两次国家考试通过才可获得职业学校教师资格。目前，德国的主要综合性大学和理工科大学都设有职教教师教育专业，课程开展形式以全日制课程为主。德国职教师资培养在大学教育阶段一般共计10学期（学士6学期，硕士4学期），需完成300学分。另外，需完成与本专业相关的12个月左右的专业实践。预备阶段一般为12~24个月。

总体上，通过对德国职教师资培养的历史演变和基本要素的梳理，发现德国职教师资培养的特点可以概括为国家政府的主导地位、专业化的培养途径、综合职业能力观的专业标准、严格的教师资格认证制度、“三性融合”的课程体系。根据德国职教师资培养的主要特点，本章在最后构建了德国职教师资培养模型。

第六章
三国职教师资培养比较分析

本研究的第二章构建了比较分析框架，第三章至第五章分别对英国、美国和德国的职教师资培养的历史和剖面进行了分析。本章在前面分析的基础上，对三国进行横向比较，总结职教师资培养的一般规律与经验。

第一节　英、美、德职教师资培养的比较

本节基于第二章中构建的职教师资培养比较分析框架，对英国、美国和德国的职教师资培养的结构和功能进行横向比较，分析三国职教师资培养的差异与共性。

一、职教师资培养比较分析框架的应用

根据第二章所构建的本研究职教师资培养的分析框架，第三、四、五章分别呈现了英国、美国和德国的职教师资培养的剖面。现将主要内容归纳如下，见表6-1。

二、英、美、德职教师资培养的差异

（一）培养模式：专业主义与国家主义

本研究的第二章中，借鉴美国社会学家弗莱德森提出的两种职业进化的模式作为本研究的国别选择标准，他提出，以英、美国家为代表的职业专业化进程可以看做是专业中心模式，以德国为代表的欧洲大陆国家的职业专业化进程则可以看做是典型的国家中心模式[①]。

通过对英国、美国、德国的职教师资培养的分析，可以发现，职教教师专业化作为职业化的一种，基本验证了这一职业专业化进程的规律。

显然，英国在职教师资培养的过程中，奉行了“雇主掌控标准”的政策，即奉行自由放任的市场经济。虽然英国政府曾试图对职教师资培养加强管理

① 赵康.专业、专业属性及判断成熟专业的六条标准：一个社会学角度的分析[J].社会学研究，2000(5)：30-39.

和干预，但很快对雇主进行“让步”。职教教师的专业标准大为简化，职教教师的资格要求不再是必需的，政府将职教教师资格证书的开发和颁发授权给颁证机构和高等教育机构两大“专业机构”，促进职教教师资格证书的“市场化”，雇主可自行决定职教教师的任职资格和教师的专业发展路径。可见，英国的职教师资培养属于典型的专业主义模式。

而在美国，由各州政府主要负责职教师资的培养，而随着美国职教师资培养专业化的发展，各种教师专业组织和团体积极发挥作用，形成专业组织与州政府并行管理的局面，这主要体现在职教教师专业标准的制订和职教教师资格证书的认证上。随着专业组织的发展，专业组织的参与程度逐步加深，教师似乎更愿意接受由非政府的专业组织制定的标准和所认证的资格证书，州政府部门在实施职教教师资格认定的时候，会参考一些专业组织的做法。可见，美国的职教师资培养模式呈现出介于专业主义与国家主义之间，偏向于专业主义的特点。

在德国，国家政府对职教师资培养的干预明显比较积极，通过建立专业化的师资培养途径和严格的资格认证制度为职教师资的培养制订一个全国性的框架，奠定职教教师公务员的地位。因此，德国的职教师资培养模式是典型的国家主义模式。

综上，英国、美国、德国的职教师资培养模式如图6-1所示。

图6-1 英国、美国、德国的职教师资培养模式的比较

表6-1 英、美、德职教师资培养的比较

<table>
<tr><th colspan="3">国别
比较维度</th><th>英国</th><th>美国</th><th>德国</th></tr>
<tr><td rowspan="3">结构（三大基本要素）</td><td rowspan="3">专业标准</td><td>制订标准的主体</td><td>英国教育与培训基金组织</td><td>教师专业组织、州教育部门</td><td>各州文化教育部长联席会议</td></tr>
<tr><td>标准使用的对象及作用</td><td>面向继续教育部门的所有教师的培训和自身发展（不区分专业领域）</td><td>遴选优秀职教教师的标准、新教师的入职标准（区分不同专业领域）</td><td>面向高等教育培养阶段的新职教教师教育项目（区分不同专业领域）</td></tr>
<tr><td>标准的能力要求</td><td>从专业理念与态度、专业知识与理解、专业能力3个维度提出20条能力要求</td><td>1.NBPTS从学生知识、应对多样化、内容知识、学习环境与教学实践、评价、为中等后教育做准备、课程设计与管理、伙伴关系与合作、专业领导能力、反思性实践10个维度提出能力要求
2.俄亥俄州替代路径标准从教学策略、教学方法、协作与交流、评估、责任、管理教学计划6个维度提出33条能力要求</td><td>1.基于教育学科视角的标准在教学、教化、评价和创新四个领域提出11种能力要求
2.基于专业和专业教学论视角的标准对教师教育的大学学习阶段、见习阶段、进修和继续教育阶段的三个不同阶段需获得的能力进行了描述</td></tr>
</table>

续表

比较维度＼国别			英国	美国	德国
结构（三大基本要素）	资格认证	资格的类别	与资格学分框架对应，分为认证、证书、文凭、高级文凭、专门文凭	通过传统路径或替代路径获得初级/临时教师资格证书后，还需经在职培训才可获得专业教师资格证书	两次国家考试通过后可获得职业学校教师资格
		资格认证的机构	颁证机构、高等教育机构	教师专业组织、州教育部门	大学、州教育部门
		资格认证的程序与要求	完成资格证书课程的学习，通过资格证书课程的考核	1. NBPTS包括档案袋评审和评估中心评审 2. 俄亥俄州政府部门包括传统路径资格认证和替代路径资格认证	第一次国家考试与第二次国家考试
	课程设置	开设课程的机构	高等教育机构、继续教育学院、私立培训机构和成人与社区学习机构	四年制大学和两年制社区学院或技术学院	主要综合性大学和理工科大学
		课程开展的形式	主要为非全日制课程	全日制课程（职前教育）或非全日制课程（职后教育）	主要为全日制课程

续表

比较维度 \ 国别			英国	美国	德国
结构（三大基本要素）	课程设置	课程模块与内容	不分专业方向，重视培养学员专业教学能力与反思性教学能力	1. 传统路径：分专业方向，包括通识类、教育类、专业类课程； 2. 替代路径：不分专业方向，包括教育类与实践类课程	分专业方向，主要包括三类：专业科学及其教学论、第二专业及其教学论、职业教育学及其他社会科学
功能（教育功能）	VPCK的培养	VPCK内容的体现	专业标准内容、资格认证内容、课程内容	专业标准内容、资格认证内容、课程内容	专业标准内容、资格认证内容、课程内容
		VPCK生成的机理	开放式培养途径、“专业发展”模块课程	“双元制”培养模式、实习实践类课程	预备实习阶段、实习实践类课程

（二）培养途径：开放性与封闭性

开放性与封闭性指的是各国职教师资培养课程向教师来源群体的开放程度。在英国，英国自2012年以后开始不对职教教师资格做强制性规定，因此关于职教教师的资格证书课程没有一个全国性的详细入学要求。颁证机构和高等教育机构可能会有自己的入学需求，但这都不是强制性规定。在职培训是英国职教教师培养的主要途径，这就使得职教师资培养课程的开展形式具有灵活性，能更多地满足不同职教教师群体的需求。因此，英国职教师资培养呈现出开放性的特点。在美国，针对职教师资培养存在传统路径和替代路径。传统路径课程是学历教育，属于职前教育课程；而替代路径课程是非学历教育，属于在职教育课程。就其课程入学要求来看，前者需满足高等教育入学资格，后者只要求申请者具备高中以上学历，并对工作经历提出要求。就其专业领域来看，前者主要针对的是农业教育、综合商务教育、市场营销教育、家庭和消费科学教育、技术教育这些领域中的职教教师，后者针对的专业领域更为广泛。为了缓解美国目前职教师资短缺的状况，美国正着重发展替代性路径的职教教师培养，以便让更多人投身到职教师资队伍中来。可见，美国职教师资培养呈现开放性的特点，但就其开放程度而言要较低于英国。在德国，由于德国职教教师的公务员地位，德国对职业师范教育设置较高的入学门槛，要求申请者完成13年的在校学习，并通过毕业考试。申请者还必须具有至少12个月的工作经历，这段工作经历与所学的职业学科相关。同时，由于职业师范教育分为大学教育（10个学期，共计5年）和预备实习（12~24个月）两个阶段，学生需完成两次国家考试才可获得职业学校教师资格，整个培养过程周期较长，且全程以学校教育的全日制课程为主，外界无法通过别的路径进入职业师范教育。可见，德国职教师资培养呈现出封闭性的特点。综上，英国、美国、德国的职教师资培养途径的比较如图6-2所示。

图6-2　英国、美国、德国的职教师资培养途径的比较

（三）专业标准：普遍性与特殊性

专业标准的制订一开始就是随着教师专业化运动的发生和发展而出现的。而面对教师这么庞大的群体，要尝试制订一个通用性、专业性和排他性的标准，就不得不面临一个问题：是基于教育或教学工作本身制订一个相对一致的专业标准，还是基于教师教学工作的实际情况，制订一个框架性的专业标准，让不同类型、不同层次、不同专业领域的教师能根据自身情况进行调整？简而言之，即专业标准的制订首先要处理标准的普遍性与特殊性问题[①]。从英国、美国、德国三国的职教教师专业标准来看，三者在这一问题上的处理方式有所不同。在英国，专业标准只反映了继续教育部门中教学和培训的核心原则和基础能力标准，且不对不同部门、不同专业领域的标准进行区分，这

① 荀渊，唐玉光．教师专业发展制度[M]．北京：教育科学出版社，2011：19.

使得该标准可以有多种不同的使用途径。因此，英国的职教教师专业标准呈现出普遍性的特点。在美国，以俄亥俄州为例，该州教育部门制订的传统路径的职教教师专业标准区分不同的专业领域，注重专业标准的特殊性；替代路径的职教教师专业标准并未再一次区分不同专业领域，体现专业标准的普遍性。以美国国家专业教学标准委员会这一专业组织为例，其所制订的职教教师专业标准提出所有优秀职教教师应具备的知识和能力，同时在“内容知识”维度上对不同专业领域的职教教师提出知识和能力要求。可见，美国州政府部门和专业组织制订的专业标准体现普遍性与特殊性并重的特点。在德国，职教教师的专业标准体现综合的能力观，既有基于教育学科视角的针对所有教师的专业标准，又有基于专业和专业教学论视角针对不同专业领域的职教教师的专业标准，可见德国的职教教师专业标准注意处理标准的普遍性和特殊性问题。但显然，德国的处理方式与美国不同，与美国国家专业教学标准委员会在一个专业标准中同时处理普遍性与特殊性的问题相比，德国在普遍性的标准之上，单独颁发不同专业领域的职教教师专业标准，采取“叠加”颁布标准的方式来体现职教教师专业标准的普遍性与特殊性。

专业标准的普遍性与特殊性问题同样影响其与教师资格证书的关系。在英国，由于奉行“雇主掌控标准”的信条，政府只对职教师资的培养目标制订框架，最终将该权力交给雇主本身。因此，虽然专业标准与教师资格证书的标准相关联，但独立于教师资格标准，且高于教师资格标准的要求。在美国，无论是专业组织还是州政府部门制订的职教教师专业标准，都直接是职教教师资格标准。在德国，职教教师资格的获得和职业师范教育课程的完成紧密挂钩，德国明确指出基于专业和专业教学论视角的职教教师专业标准的内容需要成为各专业课程中的一部分，但其对不同专业内容的划分方式并非要求不变，师资培养机构可根据实际情况对“学科概貌”进行适当调整。因此，德国的职教教师专业标准可以说是职教教师资格标准。可见，美国和德国职教教师专业标准的制订是和政府或专业组织的教师资格证书制度衔接在一起的，但美国的衔接紧密程度明显要高于德国。综上，英国、美国、德国的职教教师专业标准的比较见图6-3。

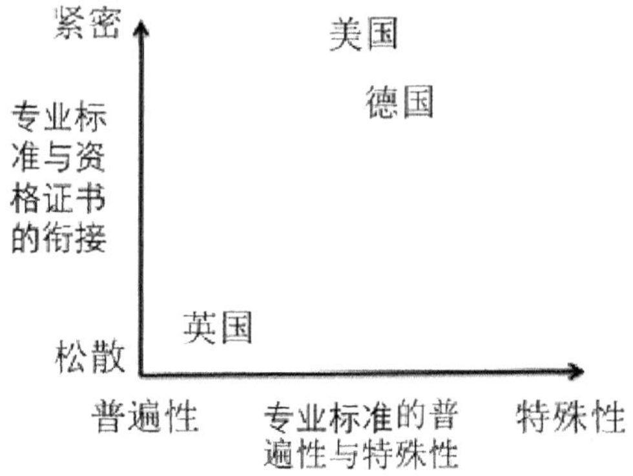

图6-3 英国、美国、德国的职教教师专业标准的比较

（四）资格证书：基于能力与基于资历

从各国职教教师资格证书的内容来看，它们分别体现各国职业资格证书模式的特点。在英国，政府对职教教师资格证书做出一个框架性规定，要求职教教师资格证书的水平与资格学分框架的等级进行对应，建立一个从水平3到水平7的纵向的、分层级的职教教师资格证书体系。显然，英国的职教教师资格证书是基于能力的资格证书模式，这种模式主张把与职教教师这一职业相关的教学能力的复杂程度作为资格证书水平划分基本依据①。在美国和德国，则更为强调了职教教师的教育培训和经验。如美国俄亥俄州的传统路径要求申请者具有两年的专业领域相关工作经验或等值经历，且完成大学四年的本科教育后获得初始教师资格证书，随后必须再经过四年的在职培训才可申请专业教师资格证书；替代路径则要求申请者本身要具备高中以上学历和五年相关工作经验，入职后首先获得初始教师资格证书，同样需要经过四年的在职培训才可申请专业教师资格证书。在德国，职教教师资格证书的颁发是和学生受教育的经历紧密挂钩的，申请者首先要具备一定的工作经历，经过五年的大学教育和一至两年的预备实习，获得硕士学位，通过两次国家考

① 石伟平.时代特征与职业教育创新[M].上海：上海教育出版社，2006：401.

试，才可获得职业学校教师资格。可见，美国和德国的职教教师资格证书更倾向于基于资历的资格证书模式，这种模式主张把接受一定程度的教育和培训以及具备相关经验作为获得职教教师资格证书的必要条件。相对来说，美国的职教教师资格认证并非完全不考虑能力，如俄亥俄州传统路径的资格认证，要求申请者通过州教育部门规定的教师资格考试（如PRAXIS考试），再如美国国家专业教学标准委员会职教教师资格评估中心评审环节，是基于职教教师教学能力的考核。综上，英国、美国、德国的职教教师资格证书的比较如图6–4所示。

图6–4　英国、美国、德国的职教教师资格证书的比较

（五）课程设置：综合性与专业性

从各国职教师资培养的课程设置来看，可以发现课程模块内容各具特点，其中最显著的差别体现在师范教育课程是否依据不同专业来开设。在英国，无论是职前教育还是职后教育课程，都体现了英国职教教师培养课程综合性、不分专业的特点，即所有专业（除了专门文凭课程，即英语/其他语种者的英语、数学、特殊教育教学方面）在同一个水平层级的课程模块设置都是一样的，只是在课程设置上设计了“专业发展”模块，以培养各个专业领域教师的VPCK和专业教学能力。不过需要指出的是，虽然英国的职教师资培养课程不区分专业，但通常课程的入学条件会要求申请者具备所教专业领域的相应水平的职业资格证书或学历资格。在美国，传统路径课程是分专业的师范教育课程，开设了农业教育、综合商务教育、市场营销教育、家庭和消费科学教育、技术教育这些专业方向的师范教育；替代路径课程则不对教师的专业领域进行区分，通过设置教学实践等课程模块来培养不同专业领域职教教师的专业教学能力。在德国，在大学学习阶段，德国高校内职教教师教育设置16个专业大类，包括经济与行政、金属加工技术、电子技术、建筑技术、

木工技术、纺织与服装等，覆盖中等职教的所有专业。因此，德国的职教师资培养是典型的分专业的师范教育课程。综上，英国、美国、德国的职教教师培养课程设置的比较如图6-5所示。

图6-5　英国、美国、德国的职教教师培养课程设置的比较

三、英、美、德职教师资培养的共性

（一）管理权力的下放

从培养模式来看，虽然各国职教师资培养存在专业主义与国家主义之分，但从各国职教教师资格证书的认证来看，体现管理权力下放的趋势。例如，在英国，英国政府将资格认证的职能授权给了“专业组织”，即只有颁证机构和高等教育机构具备颁发职教教师资格证书的资格，这就在促进职教教师资格证书“市场化”的同时体现资格证书的“专业化”管理。在美国，自20世纪80年代以来，形成专业组织与州政府共同参与管理且专业组织参与程度逐步加深的局面，这主要体现在职教教师专业标准的制订和资格认证的管理上。且州政府在资格认证方面越来越多地认可非官方专业组织的做法，如若获得某专业组织颁发的资格证书即可免除某些州政府的教师资格要求。同时一些州的职教教师资格考试授权给考试中心来组织，甚至有些美国专业人士认为可以将教师资格认证的权力从州一级政府下放到学校校长①。在德国，虽然国家政府在职教师资培养方面体现绝对的主导地位，但德国各州逐步将第一次国家考试的主权下放给高校，国家保留对其进行监督的权限。如8个联邦州已用硕士毕业考试取代第一次国家考试。可见，随着职教师资培养的发展，各国出现逐步将管理权力下放的趋势，这在某种程度上体现各国职教师资培

① 荀渊，唐玉光．教师专业发展制度[M]．北京：教育科学出版社，2011：50．

养专业化的自觉发展。

（二）师资培养的专业化

20世纪70年代，当时的德国教育学会明确指出，独立开设并与相关学科相协调（而不是对应）的大学专业教育，是职教师资专业化的基础。依据这条标准，从历史演变进程来看，各国职教师资培养逐渐走向专业化的道路，并基本建立职教教师培养专业化体系。从外在形式来看，主要表现在各国的高等教育机构把职教教师教育作为一种专业来办，开设相关的教育学院，按照专业的基本要求设置培养目标，开设有关课程；同时授予相关的学士、硕士和博士学位。除了有形的机构设置以外，职教教师培养专业化还包括一些无形的制度设计。从各国职教师资培养的发展历程来看，制订职教教师专业标准与建立职教教师资格制度成了各国推进职教教师培养专业化的重要“抓手”。例如，在英国，政府通过制订职教教师的专业标准与教师资格制度来加强对职教师资培养质量的监管，两者总是同步发生。尽管目前英国政府不再对职教教师资格做强制性规定，但政府仍然通过这两个要素为职教师资的专业化培养提供更便利的政策框架和更大的发展空间。在美国（州政府层面）和德国，职教教师的专业标准是教师资格标准，职教教师的资格证书是教师进入该行业的“准入证”，因此制订专业标准和进行资格认证是美国和德国推动职教师资培养专业化的重要手段。

（三）关注教师的VPCK

本研究的第二章论述了师资培养专业化不仅要关注外在形式上的专业化，更要关注教师内在的专业发展。教师内在的专业发展主要体现在对教师VPCK的培养上。从各国职教师资培养的现状来看，都体现了对职教教师VPCK的关注。例如，在英国，证书课程从专业教学技能和知识、专业教学问题、专业教学资源等方面设计进阶性的课程模块，注意学员专业领域教学能力的螺旋式发展，即重视VPCK的培养。在美国，美国国家专业教学标准委员会颁布的职教教师专业标准的“内容知识”中，强调优秀教师利用他们的技术与专业知识，以及他们跨学科的和教学的技能来开发不同专业领域的课程目标，设计教学，促进学生学习等；同时，该专业组织的资格认证中设计“将学科知识融入生涯与技术教育中”的任务，均体现对职教教师VPCK的关注。在俄亥俄州立大学开设的传统路径职教师资培养课程中，开设职业教育专业教学论的课程，如“商务教育教学”，体现对学生VPCK的培养。在德国，对职教教师VPCK的培养更是全方位的，不仅出台基于专业和专业教学论的职教教师标准，明确对专业教学法进行考核的第二次国家考试，还独立开设“职业类专业教学法”课程模块，体现德国职教师资培养课程的特色。可以说，英国、美国和德国在职教师资培养专业化的进程中，都关注教师VPCK的培养，重视职教教师内在的专业发展。就其对职教教师VPCK培养的重视和发展程度而言，德国最高，美国次之，英国则相对最低。

（四）重视教师的教学实践

虽然各国在专业标准、资格认证、课程设置的内容上，或多或少体现对教师VPCK的关注，但若未能进行配套的制度设计，还是不利于教师VPCK的生成。各国对教师教学实践环节的设计，能很好地解决这个问题。在英国，由于职教师资培养开放式的培养途径，继续教育部门中75%的文凭或高级文凭课程，以及高等教育机构中52%的教师教育课程，均是在职教师教育课程。从课程的学习人数来看，总体而言，72%的学习者选择了在职培训课程。因此，教师的教学实践问题得到了非常“自然”的解决，教师在边教边学的过程中逐渐加强对VPCK的掌握和理解。在美国，传统路径课程中，学生教育实习课程占据相当比例的学分。无论是传统路径还是替代路径，学生在拿到初始教师资格证书后还需经过四年的在职培训，这个过程是学生VPCK和专业教学能力的掌握和养成阶段。在德国，职教师资培养分大学教育和预备实习两个阶段。学生在大学教育阶段和预备实习阶段的教学实践贯穿始终，如硕士阶段“专业教学项目”课程的设计则是要求学生在去职业学校实习的同时能及时地回大学进行反馈，要求学生实现与实践操作课相关课程的教学设计、实施、分析和反思。可见，各国在职教教师培养上都非常重视教师的教学实践，这种环节的设计有利于培养学生的VPCK。

第二节　英、美、德职教师资培养的经验

前面对英国、美国和德国职教师资培养的差异与共性的分析，只是基于对现象和事实的基本总结。这些异同点的背后，隐藏着职教师资培养的一般规律。本节试图基于前面对三国现状的比较分析，总结职教师资培养的基本经验。

一、协调各方利益相关者

从各国职教师资培养的历史发展来看，各国职教师资培养发展的过程是各个利益相关者相互博弈的过程。在整个职教师资培养发展过程中，主要的利益相关者有政府、雇主（指聘用职教教师的机构）、专业组织（教师专业组织、行业组织等）、培养机构、教师等，各个利益相关者在各国职教师资培养过程中所占的地位与发挥的作用不相同。在英国，由于政府一直奉行“雇主掌控标准”的信条，雇主在英国整个职教体系中的各个方面都占有不可忽视的地位。这就是为什么在英国，一开始职教教师的培养完全是地方自发的，由聘用职教教师的继续教育学院自行安排。由于教育逐渐成为关涉整个国家利益的公共事务，教师越来越多地承担着教育质量最终实现者的角色[①]，因此即便是在英国雇主占主导地位的国家，也开始强调政府对教师专业化的推动。在近二十年的时间里，英国政府不断加强对职教教师培养的干预。然而，由于英国悠久的历史传统，政府力量在和市场力量不断博弈的过程中，最终还

① 荀渊，唐玉光．教师专业发展制度[M]．北京：教育科学出版社，2011：20.

是“让步”给雇主。如今，英国政府对职教师资培养保留监督的权力，授权颁证机构和高等教育机构进行资格认证，同时由高等教育机构、继续教育机构和私立培训机构等开展师资培训，更多地将职教师资培养交给“市场”。

在美国，职教师资的培养是由一系列法案的出台推动的。1917年《史密斯-休斯法案》颁布，首次对职教教师的资格做出规定，标志着美国职教师资的培养开始走向制度正规化，美国职教师资培养自此开始形成州政府管理的“双路径”局面。随着职教师资培养专业化的发展，越来越多的教师专业组织和团体参与进来。自二十世纪八十年代以来，形成专业组织与州政府共同参与管理且专业组织参与程度逐步加深的局面。如今，在美国职教师资培养方面，州政府与专业组织“和平”共处，并行管理且相互借鉴，双方得到很好的协调发展。

在德国，职教教师最初的表现形式是各行业中的师傅，一开始由行会对师傅进行监督，师傅需在行会办理相关手续才能获得带学徒的相应资格。随着工业革命的发展和学徒制的瓦解，行会在与政府博弈的过程中由国家政府直接接管职教教师培养的管理，最终形成职教师资培养的全国性框架。

综上，可以发现，职教师资培养发展过程中，存在着各方利益相关者的相互博弈。在这个过程中，有些力量“胜出”并占据最终的主导地位，有些力量逐渐“淡出”。这不仅取决于不同国家的历史文化背景，还受到职教师资培养发展过程中新兴力量介入的影响。因此，作为职教师资培养中的主要利益相关者，政府、雇主、专业组织、培养机构、教师等等，应在这个过程中被赋予不同的权力与利益水平，以促进多方利益相关者的协调与制衡。

二、构建制度化培养框架

各国职教师资的历史发展历程表明，各国职教师资培养都经历了一个从非组织化到组织化的过程。目前，各国形成相对成型的职教师资培养体系，构建各自的制度化的职教师资培养框架。在英国，职教师资的培养主要是职后培养，培养框架是和资格学分框架紧密对应的，政府通过构建一个与资格学分框架等级对应的职教教师资格证书体系来开展职教师资培养的课程，学生通过课程的学习才可获得相应的职教教师资格证书，体现了课程本位的培养框架。在美国，职教师资培养采取职前培养和职后培养相结合的方式，在州一级政府管理下，构建传统路径与替代路径的“双路径”职教教师培养框架。其中，替代路径中，学生不仅要修完相关的课程，还要通过考试才可获得初级教师资格证书，体现知识本位的培养框架。在德国，职教师资的培养主要是职前师范教育模式，各州文化部长联席会议为职业学校中各职业科目教师的教育和考核制订一个全国性的框架，规定职教教师的培养包括含学校教学实践的大学教育阶段和预备阶段，大学学习结束需参加第一次国家考试，预备实习结束后通过第二次国家考试才可获得职业学校教师资格。可见，这种培养框架要求学生不仅要修完相应课程，通过国家考试，还需具备一定的教育教学实践经验，体现实践本位的培养框架。

显然，制度化培养框架的制订将直接促成职教师资培养体系的建立。需要指出的是，虽然各国职教师资培养框架各有侧重，但随着职教师资培养的发展，各国培养框架越来越趋向对职教教师的多元培养，即从培训课程、资格考试、实习实践等多方面关注职教师资的培养。另外，框架的制订还充分反映各国国情。例如，在英国，政府不对职教师资培养进行直接干预，而直接将其交给“市场”；在德国，由于政府的主导作用和赋予职教教师的公务员地位，职教师资的培养框架最为严格。

综上，可以发现，职教师资培养的专业化需要一个制度化的培养框架来支撑，框架的内容与不同国家的国情有着紧密联系。与此同时，培养框架的顺利实施需要采取一系列的配套措施。正如本研究中所关注的三大基本要素，专业标准的制订、资格证书的认定、课程的开展与设置等，各种配套措施和制度的统一与协调能有效促进职教师资培养的顺利开展，从而保证职教教师的质量。

三、关注教师专业发展

沿着各国职教师资培养的历史发展脉络，不难发现，各国职教师资培养已经呈现出专业化的特点。这种专业化，已经不仅仅局限于外在形式上，如开设专门的教育学院、设置专门的专业、制订相应的教师资格制度等，而是越来越多地关注职教教师的内在实质专业化，即教师本身的专业发展。这是因为，随着社会学意义的“专业化”在教育学领域的深刻探讨，以及人们对终身学习概念的广泛共识，职教教师到底应该具备什么样的知识和能力逐渐成了各国职教师资培养专业化过程中的关注焦点。这一点，首先从各国20世纪末至21世纪初之间轮番出台的职教教师专业标准即可看出。在英国，自1999年英国继续教育国家培训组织颁发《继续教育部门教学和学习支持的国家标准》，这是英国首次尝试针对继续教育学院教师这一群体制订的国家标准。之后在发展过程中，专业标准历经改革数次，目前为职教师资培养标准的第三版。标准的屡次改革，最直接反应的是对职教教师的知识和能力要求的变化，目前，英国政府对职教教师的知识和能力要求更为宽泛，但着重强调教师的行业专家与教学专家的“双重专业化”特征。在美国，以国家专业教学标准委员会制订的职教教师专业标准为例，2015年颁布该标准的第二版。该版本中，委员会认识到专业标准应该反映与21世纪产业有着密切联系的新的专业领域的需求，尤其是新的专业领域教学知识和能力的需求；同时委员会认识到新的专业领域需要适应不同职教项目的组织结构以及支持职教教师和社会兼职教师。因此，相对于第一版，第二版对职教教师的知识和能力要求有了实质性变化。在德国，接连出台的基于教育学科视角的专业标准和基于专业和专业教学论视角的专业标准，更是“全方位”界定职教教师所应具备的普通教学知识、专业知识和VPCK，同时反映德国对职教教师所应具备的知识和能力要求逐步细化的过程。其次，从职教教师资格认证来看，各国绝非仅仅关注资格证书的获取结果，而是更关注资格认证过程中教师VPCK和专业教学能力的获得。再次，从各国职教师资培养的课程内容设置上来看，最为直观地反映各国对职教教师所应具备的知识和能力要求。其中，各国职教师资培养课程对教师 VPCK 的关注和对教师教学实践的重视体现各国对职教教师专业发展内涵的理解。尤其是在德国，“职业类专业教学法”作为单独的课程模块被列出，可谓是德国职教师资专业化发展的发动机。可以说，专业教学法的研究将极大地促进职教教师的专业化发展，一方面能为职教教师专业化发展提供有力的理论基础，即职教教师是独立于普通教师和工程技术人员的专业人员，另一方面能为职教教师专业化的实证研究提供新的视角，如教师教学能力模型的研究等①。

综上，可以发现，随着职教师资培养专业化的发展，各国的专业化政策都在经历从形式专业化到实质专业化的转向，即“专业化”已不仅仅局限于外在形式上的专业化，而是更加关注到职教师资培养的内在实质专业化。实质专业化逐渐成为职教师资培养专业化政策的核心。所谓实质专业化，指的是教师的专业发展，主要是指职教师资知识能力的专业化，其核心就是职教教师 VPCK 体系的形成。各国的职教师资培养实践中，在促进职教教师实质专业化方面都进行了积极尝试，尤其反映在各国在制订职教教师专业标准、开展职教教师资格认证、开设职教教师教育专业课程时，对职教教师 VPCK 的关注和思考。因此，三国经验表明，在促进职教师资培养专业化发展时，尤其要以职教教师的专业发展为内核，来对职教师资培养中的各个要素进行制度设计。

① 陈曦萌.从职前培养回顾百年德国职教师资专业化发展[J].职业技术教育，2015(13):62-67.

// 本章小结

本章运用第二章所构建的职教师资培养的比较分析框架，对英国、美国和德国的职教师资培养的结构和功能进行了横向比较。通过比较分析发现，三国在职教师资培养方面存在着诸多不同，具体包括专业主义与国家主义的培养模式、开放性与封闭性的培养途径、普遍性与特殊性的专业标准、基于能力与基于资历的资格证书、综合性与专业性的课程设置。与此同时，三国在职教师资培养方面存在一些共性，具体包括管理权力的下放、师资培养的专业化、关注教师的VPCK、重视教师的教学实践。

基于对英国、美国和德国职教师资培养的差异与共性的分析，可以发现，这些异同点的背后，隐藏着职教师资培养的一般规律：一是协调各方利益相关者，职教师资培养发展的过程是各个利益相关者相互博弈的过程，作为职教师资培养中的主要利益相关者，政府、雇主、专业组织、培养机构、教师等等，应在这个过程中被赋予不同的权力与利益水平，以促进多方利益相关者的协调与制衡。二是构建制度化培养框架，职教师资培养的专业化需要一个制度化的培养框架来支撑，框架的内容与不同国家的国情有紧密联系。与此同时，培养框架的顺利实施还需要采取一系列配套措施。三是关注教师专业发展，职教师资培养专业化的发展已不仅仅局限于外在形式上的专业化，而是更加关注到职教师资培养的内在实质专业化，即教师的专业发展。在促进职教师资培养专业化发展时，尤其要以职教教师的专业发展为内核，来对职教师资培养中的各个要素进行制度设计。

第七章
我国职教师资培养

前面分析了英国、美国和德国职教师资培养的历史和剖面，总结出职教师资培养的一般规律与经验。本章以我国职教师资培养为研究对象，先梳理历史演变，再对三个基本要素进行全面描述，接着总结其主要特点并分析问题，最后基于VPCK视角提出我国职教师资培养的改进策略。

第一节　我国职教师资培养的历史演变

我国职教师资的培养，最早可追溯到光绪年间。当时，光绪皇帝为响应维新变法的主张，于1904年颁布《奏定学堂章程》（又称《癸卯学制》）。其中，针对职教教师的有《奏定实业学堂通则》《奏定实业教员讲习所章程》等，对实业学堂的教师队伍建设提出相应的策略：一是挑选教师，各实业学堂，当按照所设学堂程度及各学科课目，与授业时刻若干，学生级数若干，选派相当之教员分司教授；二是选派中国学生出洋学习实业科学和语言，回国后可在实业学堂承担教学或做翻译；三是开办实业教员讲习所，如《奏定实业教员讲习所章程》规定，要在各农工商大学或农工商学堂中附设实业教员讲习所，这可视为我国最早的职教师资培养的专门机构。

到了民国时期，职教机构明显增多，职教师资培养呈现多元化的发展趋势。1915年，国民政府将实业教员讲习所改名为实业教员训成所，分为工业和农业教育训成所两类。随后，在各师范院校设立职教教员训成科。1931年，国民政府出台《职业学校师资训练办法》，将各师范院校、大学中的农工商学院和专科学校等确立为职教师资的培养机构。同时，强调职教教师的职后培养，如1940年国民政府颁布《奖励职业学校职业学科教育进修暂行办法》，通过设立进修奖金，鼓励职教教师在职进修，包括暑期讲习会、到学术机关进修、实地调研等形式[1]。可见，民国时期，国民政府对职教师资的培养非常重视，这一时期职教师资的培养渠道较为多元化，培训渠道也进一步拓宽。

新中国成立伊始，百废待兴，职教师资的专门培养机构亟待重建。这时由于客观条件的缺乏，主要采取从职业学校中选择优秀的毕业生留校和送工

① 冯泽衍．我国职教师资培训体制研究[D]．石家庄：河北师范大学，2009：6-7.

厂企业中实践的职教师资培养方式。如1952年，国家颁布《中等技术学校暂行实施办法》，指出中等技术学校为培养技术课师资，得配备成绩优良的毕业生为技术课助理教师[①]，同时对职教师资建设提出具体要求：中等技术学校为有计划地培养技术课专任教师，增强中等技术学校技术理论课教师的技术能力及提高企业或业务单位技术人员的科学理论水平，得与企业或业务单位试行建立定期交流技术课教师和技术人员的制度。1959年，为满足技工学校的师资需求，国家批准在天津、上海、辽宁、河南建立四所技工教育师范学校(后更名为技工教育师范学院)，由劳动部主管，但后来先后被迫停办。

改革开放以后，随着职教事业的恢复和发展，职教师资队伍的建设问题再次受到重视。1978年11月，原国家劳动总局向国家计委提出《关于恢复四所技工教育师范学院问题的请示》（〔78〕劳培字32号），国家计委、教育部于1979年1月10日向国务院提出《关于增设四所技工教育师范学院的请示报告》(计劳〔1979〕9号)，经国务院领导圈阅批准，同意复建四所技工师范学院，即天津技工师范学院、吉林技工师范学院[②]、山东技工师范学院、河南技工师范学院[③]。1985年，教育部颁发《中共中央关于教育体制改革的决定》，指出师资严重不足是当前发展中等职业技术教育的突出矛盾，提出要建立若干职业技术师范院校，有关大专院校、研究机构都要担负培训职业技术教育师资的任务，使专业师资有一个稳定的来源。此后，在上海、河北、河南、江西、浙江、安徽等地先后建立职业技术师范学院。从1979年到1989年，共成立十余所独立设置的职业技术师范学院，为我国职教师资的培养奠定重要基础。

90年代，我国职教师资的培养得到进一步发展。一是先后批准一批有条

① 曹晔.我国职业技术教育师资培养的历史和现实选择[J].教育与职业，2010(6)：5-8.

② 后来实际招生的只有两所，即天津技工师范学院(后更名为天津职业技术师范大学)、吉林技工师范学院(后更名为吉林工程技术师范学院)。

③ 张炳耀.职业技术师范院校发展的回顾与启示[J].职业技术教育，2009(19)：57-61.

件的综合大学创立职业技术师资班、专业或学院，为职业院校培养师资。如1995年根据原国家教委《关于同意浙江大学、天津大学一九九五年招收职业技术学校师资的通知》（教学司〔1995〕20号），浙江大学、天津大学等院校开始招收职教师资班，招收师资计划纳入学校年度招生计划①。二是中央和地方建立一批职教师资培养培训基地。1999年，根据国务院批转教育部《面向21世纪教育振兴行动计划》的要求，教育部启动全国重点职教师资培养培训基地建设工程，依托普通高校、有条件的职业院校和企业，建立56个全国重点建设职教师资培养培训基地，各地建立三百多个为地方服务的省级职教师资培训基地。与此同时，国家1994年颁布施行《中华人民共和国教师法》，首次对中职教师资格以法律的形式进行规定。随后，国务院和国家教委分别于1995年和1996年颁布并下发《教师资格条例》和《关于取得中等职业学校实习指导教师资格应当具备的学历的规定的通知》（教职〔1996〕9号），明确了中职文化课和专业课教师的学历要求，对实习指导教师，除了学历要求之外，还提出专业技能资格要求②。

进入21世纪，我国职教环境有较大的变化，职教的师资培养呈现多元化发展的态势。如国务院学位办于2000年颁发《中等职业学校教师在职攻读硕士学位制订培养方案的指导意见》（学位办〔2001〕31号），面向优秀中职教师开设一条在职攻读硕士学位的途径，在一定程度上提高我国职教师资队伍的学历层次和质量。此外，职教的师资培养逐步迈向国际化，如天津大学教育学院与德国马格德堡大学于2005年签署合作协议，共同开设“中德联合培养国际职教硕士班”，通过借鉴国外先进的职教师资培养经验，提高我国职教教师的水平③。再者，除了学历教育体系，这一时期特别重视职教教师的职后培养，如2006年

① 曹晔．我国职业技术教育师资培养的历史和现实选择[J]．教育与职业，2010(6)：5-8.

② 曹晔，刘宏杰．我国中等职业教育教师资格制度的历史与现实[J]．职教论坛，2011(19)：57-61.

③ 刘晓，沈希．我国职教师资培养：历史、现状与体系构建[J]．河北师范大学学报（教育科学版），2013(11)：71-76.

和2011年先后出台的《教育部、财政部关于实施中等职业学校教师素质提高计划的意见》（教职成〔2006〕13号）和《教育部、财政部关于实施职业院校教师素质提高计划的意见》（教职成〔2011〕14号）文件，大力推进职教教师的职后培训。此外，这一时期对中职教师的教师资格认定工作进行推进。2000年，教育部颁发《教师资格条例》实施办法；2001年，教育部印发《关于首次认定教师资格工作若干问题的意见》（教人〔2001〕4号）的通知，教师资格认定工作开始在全国开展实施起来。在中职教师资格认定工作开展的同时，国家政府和地方也在积极探索能体现职教特色的教师资格标准。因此，在这一时期，形成以“双师型”师资为特色的职教教师资格制度，强调吸引具有专业技术职务的工程技术人员等到职业学校任教，鼓励中职专业课教师和实习指导教师到企业一线实践，拓展“双师型”的培养途径①。

近年来，我国政府对职教师资培养的管理进一步加强。2013年，教育部正式颁布体现“双师”素质要求的《中等职业学校教师专业标准（试行）》（教师〔2013〕9号），这是我国第一部针对职教教师的专业标准。随后，教育部规定，2015年起我国中职教师资格认证考试不再由各省份自行组织，而由教育部统一制订考试标准和考试大纲组织考生参加全国统考。2016年，为进一步加强职业学校“双师型”教师队伍建设，促进职业学校教师专业发展，提升教师实践教学水平，教育部等七部门印发《职业学校教师企业实践规定》（教师〔2016〕3号）。2019年，教育部等四部门联合印发《深化新时代职教“双师型”教师队伍建设改革实施方案》（教师〔2019〕6号），聚焦职教“双师型”教师队伍建设的难题和“短板”，从教师培养补充、资格准入、培训发展、考核评价、待遇保障等方面，提出12条解决举措，为如何打造职教“双师型”教师队伍提供具体方案。同年，为了提高“双师型”职业技术师范生的培养质量，教育部教师工作司印发《职业技术师范教育专业认证标准》（教师司函〔2019〕50号），旨在促进各地各校加强职业技术师范教育专业建设。

① 曹晔，刘宏杰．我国中等职业教育教师资格制度的历史与现实[J]．职教论坛，2011(19):57-61.

可见，近年来我国职教师资的培养体现进一步制度化与规范化的态势。

纵览我国职教师资培养的发展历程，不难发现，自中华人民共和国成立以来，我国职教师资培养的发展时间还较短，我国尚未形成成熟的职教师资培养体系。虽然我国建立专门培养职教师资的专业和机构，但是以职教师资培养历史分析中的职教教师专业标准和教师资格制度等为变量去审视我国职教师资培养的发展历程时，发现很难对我国职教师资培养的历史阶段进行划分。从这个角度分析，我们可以得到这样一种基本判断，即我国长期以来职教师资的培养似乎在走内在实质专业化的道路，这一点可从“双师型”师资为特色的职教教师资格制度中窥见，即强调职教师资的岗位能力，教师是不是有资格证书并不重要。近年来，我国逐渐认识到职教师资培养制度化与规范化的重要性，如制订职教教师专业标准、全国统一的职教教师资格制度，以及职业技术师范教育专业认证标准等，“双师型”教师培养正在进入专业化轨道。在未来，亟待从多方面考量，为进一步完善职教师资培养体系进行制度设计。

第二节　我国职教师资培养的基本要素

我国职教师资培养的发展时间较短。本节对我国职教师资培养的专业标准、资格认证、课程设置三个基本要素进行剖析。

一、我国职教师资培养的专业标准

近年来，我国制订了职教师资培养的专业标准。2012年《国务院关于加强教师队伍建设的意见》（国发〔2012〕41号）明确提出，完善教师专业发展标准体系，出台职业学校教师专业标准。为此，教育部在已颁布的中学、小学和幼儿园教师专业标准的基础上，于2013年9月正式颁布体现“双师”素质要求的《中等职业学校教师专业标准（试行）》（教师〔2013〕9号）。这是中华人民共和国成立以来第一次针对中等职业学校教师制订的专业标准，对于促进我国职教教师专业发展、打造高素质职教教师队伍、加快发展现代职教有重要的现实意义。

该标准的制订由教育部牵头，首先征求来自各个大学、中高职院校、科研院所等专家的意见，通过头脑风暴法和职业能力分析法形成标准的初稿；随后，在广泛调研并征求中职教师意见的基础上，对标准内容进行完善并形成终稿。从标准的作用来看，该标准是国家对合格中等职业学校教师专业的基本要求，是中等职业学校教师开展教育教学活动的基本规范，是引领中等职业学校教师专业发展的基本准则，是中等职业学校教师培养、准入、培训、考核等工作的基本依据。

从内容上来看，该标准共有三级指标。一级标准分为三个维度：专业理念与师德、专业知识、专业能力；二级标准共分为15个领域；三级标准共包括60条具体的能力要求。具体内容见表7-1。

近年来，教育部对我国职教师资培养专业标准的制订提出进一步要求。2019年出台的《深化新时代职教“双师型”教师队伍建设改革实施方案》明确指出，要建设分层分类的教师专业标准体系……建立中等和高等职教层次分明，覆盖公共课、专业课、实践课等各类课程的教师专业标准体系，修订《中等职业学校教师专业标准（试行）》。可见，我国职教师资培养的专业标准亟待进一步完善。

二、我国职教师资培养的资格认证

2013年，教育部印发《中小学教师资格考试暂行办法》和《中小学教师资格定期注册暂行办法》（教师〔2013〕9号），明确提出教师资格考试实行全国统一考试。2015年起，我国中职教师资格认证考试不再由各省份自行组织，由教育部统一制订考试标准和考试大纲，教育部考试中心组织实施教师资格考试。中等职业学校教师和中等职业学校实习指导教师资格的人员须分别参加相应类别的教师资格考试。

中职教师资格考试包括笔试和面试两部分。就考试形式与内容而言，笔试主要采取计算机考试和纸笔测试两种形式，笔试科目为综合素质、教育知识与能力、专业知识与教学能力3科，其中，专业知识与教学能力科目测试，暂由各省（区、市）自行命题和组织实施；面试主要采取结构化面试、情景模拟等方式，通过抽题、备课（活动设计）、回答规定问题、试讲（演示）、答辩（陈述）、评分等环节进行，主要考查申请人的职业认知、心理素质、仪表仪态、言语表达、思维品质等教师基本素养和教学设计、教学实施、教学评价等教学基本技能。由国家确定笔试成绩合格线，省级教育行政部门确定面试成绩合格线。笔试和面试均合格者获得由教育部考试中心颁发的教师资格考试合格证明(有效期为3年)，考生获得该证明后可申请教师资格的认定。

与此同时，中职教师资格证一改过去的“终身制”。对于取得教师资格，初次聘用为教师的，试用期满考核合格之日起60日内，申请首次注册。经首次注册后，实行5年一周期的定期注册制。定期注册不合格或逾期不注册的中职教师，不得从事相关教育教学工作。教师资格定期注册工作由国务院教育行政部门负责主管，地方教育行政部门负责组织实施本地教师资格定期注册工作。

三、我国职教师资培养的课程设置

我国职教师资培养课程可分为职前教育课程和在职培训课程。此处仅对我国职教师资培养的职前教育课程进行讨论。就师范教育方向而言，我国职教师资培养的职前教育课程主要分为本科层次和硕士层次[①]。目前，全国共有37所高校开设本科阶段的职业技术师范专业，有49所高校招收硕士层次的职教师范生。这些院校包括职业技术师范院校、一部分综合大学、普通师范大学以及一些工科院校等。本研究以某普通师范大学H大学的职教师范教育专业的本科层次和硕士（专业硕士）层次课程为例，来分析我国职教师资培养的课程设置。

① 此处仅讨论专业硕士层次。

表7-1 我国《中等职业学校教师专业标准（试行）》的基本内容

维度	领域	基本要求
专业理念与师德	（一）职业理解与认识	1. 贯彻党和国家教育方针政策，遵守教育法律法规 2. 理解职教工作的意义，把立德树人作为职教的根本任务 3. 认同中等职业学校教师的专业性和独特性，注重自身专业发展 4. 注重团队合作，积极开展协作与交流
	（二）对学生的态度与行为	5. 关爱学生，重视学生身心健康发展，保护学生人身与生命安全 6. 尊重学生，维护学生合法权益，平等对待每一个学生，采用正确的方式方法引导和教育学生 7. 信任学生，积极创造条件，促进学生的自主发展
	（三）教育教学态度与行为	8. 树立育人为本、德育为先、能力为重的理念，将学生的知识学习、技能训练与品德养成相结合，重视学生的全面发展 9. 遵循职教规律、技术技能人才成长规律和学生身心发展规律，促进学生职业能力的形成 10. 营造勇于探索、积极实践、敢于创新的氛围，培养学生的动手能力、人文素养、规范意识和创新意识 11. 引导学生自主学习、自强自立，养成良好的学习习惯和职业习惯
	（四）个人修养与行为	12. 富有爱心、责任心，具有让每一个学生都能成为有用之才的坚定信念 13. 坚持实践导向，身体力行，做中教，做中学 14. 善于自我调节，保持平和心态 15. 乐观向上、细心耐心，有亲和力 16. 衣着整洁得体，语言规范健康，举止文明礼貌

续表

维度	领域	基本要求
专业知识	（五）教育知识	17. 熟悉技术技能人才成长规律，掌握学生身心发展规律与特点 18. 了解学生思想品德和职业道德形成的过程及其教育方法 19. 了解学生不同教育阶段以及从学校到工作岗位过渡阶段的心理特点和学习特点，并掌握相关教育方法 20. 了解学生集体活动特点和组织管理方式
	（六）职业背景知识	21. 了解所在区域经济发展情况、相关行业现状趋势与人才需求、世界技术技能前沿水平等基本情况 22. 了解所教专业与相关职业的关系 23. 掌握所教专业涉及的职业资格及其标准 24. 了解学校毕业生对口单位的用人标准、岗位职责等情况 25. 掌握所教专业的知识体系和基本规律
	（七）课程教学知识	26. 熟悉所教课程在专业人才培养中的地位和作用 27. 掌握所教课程的理论体系、实践体系及课程标准 28. 掌握学生专业学习认知特点和技术技能形成的过程及特点 29. 掌握所教课程的教学方法与策略
	（八）通识性知识	30. 具有相应的自然科学和人文社会科学知识 31. 了解中国经济、社会及教育发展的基本情况 32. 具有一定的艺术欣赏与表现知识 33. 具有适应教育现代化的信息技术知识
专业能力	（九）教学设计	34. 根据培养目标设计教学目标和教学计划 35. 基于职业岗位工作过程设计教学过程和教学情境 36. 引导和帮助学生设计个性化的学习计划 37. 参与校本课程开发
	（十）教学实施	38. 营造良好的学习环境与氛围，培养学生的职业兴趣、学习兴趣和自信心 39. 运用讲练结合、工学结合等多种理论与实践相结合的方式方法，有效实施教学 40. 指导学生主动学习和技术技能训练，有效调控教学过程 41. 应用现代教育技术手段实施教学

续表

维度	领域	基本要求
专业能力	（十一）实训实习组织	42. 掌握组织学生进行校内外实训实习的方法，安排好实训实习计划，保证实训实习效果 43. 具有与实训实习单位沟通合作的能力，全程参与实训实习 44. 熟悉有关法律和规章制度，保护学生的人身安全，维护学生的合法权益
	（十二）班级管理与教育活动	45. 结合课程教学并根据学生思想品德和职业道德形成的特点开展育人和德育活动 46. 发挥共青团和各类学生组织自我教育、管理与服务作用，开展有益于学生身心健康的教育活动 47. 为学生提供必要的职业生涯规划、就业创业指导 48. 为学生提供学习和生活方面的心理疏导 49. 妥善应对突发事件
	（十三）教育教学评价	50. 运用多元评价方法，结合技术技能人才培养规律，多视角、全过程评价学生发展 51. 引导学生进行自我评价和相互评价 52. 开展自我评价、相互评价与学生对教师评价，及时调整和改进教育教学工作
	（十四）沟通与合作	53. 了解学生，平等地与学生进行沟通交流，建立良好的师生关系 54. 与同事合作交流，分享经验和资源，共同发展 55. 与家长进行沟通合作，共同促进学生发展 56. 配合和推动学校与企业、社区建立合作互助的关系，促进校企合作，提供社会服务
	（十五）教学研究与专业发展	57. 主动收集分析毕业生就业信息和行业企业用人需求等相关信息，不断反思和改进教育教学工作 58. 针对教育教学工作中的现实需要与问题，进行探索和研究 59. 参加校本教学研究和教学改革 60. 结合行业企业需求和专业发展需要，制订个人专业发展规划，通过参加专业培训和企业实践等多种途径，不断提高自身专业素质

（一）本科层次课程

H大学机械工艺技术专业职教教师教育本科层次课程要求申请者具有高等教育入学资格。课程开展采取全日制学习方式，学习年限为4年。课程设置包括公共必修课程、专业必修课程、教师教育必修课程、专业限选课程、弹性素养限选课程、任意选修课程、教师教育选修课程7个模块，总学分要求为166学分。具体内容见表7-2。

表7-2　我国H大学机械工艺技术专业职教教师教育本科层次课程

课程模块	课程名称	课程总学时（或周）	学分数	开课学期
公共必修课程：50学分	思想道德修养与法律基础（含中小学教师职业道德规范）	51	3	1
	中国近现代史纲要	34	2	2
	马克思主义基本原理	51	3	4
	毛泽东思想和中国特色社会主义理论体系概论	102	6	6
	计算机应用基础	68	3	1
	数据库技术与程序设计	68	3	2
	大学英语(1–4)	68×4	4	1–4
	高等数学(一)	68	4	1
	大学语文	51	3	1
	大学体育(1–4)	34×4	4	1–4
	健康教育	17	1	1
	军事理论与训练	(3周)	2	1
	形势与政策	/	2	2
专业必修课程：55学分	专业导论	17	1	1
	工程制图及CAD	51	3	1
	工程数学(线代/概率)	68	4	3

续表

课程模块		课程名称	课程总学时（或周）	学分数	开课学期
专业必修课程：55学分		高等数学（二）	68	4	2
		理论力学	51	3	3
		材料力学	42	2.5	4
		机械原理	51	3	4
		机械设计	51	3	5
		电工技术	42	2.5	3
		电子技术	51	3	4
		互换性与测量技术	40	2	3
		机械制造技术基础	51	3	5
		流体与液压传动	40	2	4
		工程制图测绘综合实践	（1周）	1	1
		机械原理课程设计与综合实践	（1周）	1	4
		机械设计课程设计与综合实践	（1周）	1	5
		机械制造技术综合实践	（1周）	1	5
		金工实习	（8周）	5	2
		毕业论文（设计）	（10周）	10	8
教师教育必修课程：22学分	基础课程	学校教育学	34	2	5
		心理学	34	2	4
		德育与班级管理	17	1	6
	技能课程	“三字一话”	34	1	4
		现代教育技术应用	34	2	5

续表

课程模块		课程名称	课程总学时（或周）	学分数	开课学期
教师教育必修课程：22学分	学科教育类课程	机械学科教学论	51	3	6
		机械学科教学案例分析	20	1	5
	实践课程	教育见习	（4周）	2	5
		教育实习	（14周）	8	7
专业限选课程：15学分		机械控制工程基础	34	2	4
		数控技术	34	2	6
		机电传动控制	42	2.5	5
		机床电气与PLC控制技术	51	3	6
		复变函数与积分变换	51	3	5
		数学建模	34	2	6
		电工电子综合实验	17	0.5	4
		机电传动控制课程实践	（1周）	1	5
		机床电气与PLC控制技术课程设计与综合实践	（2周）	2	6
		数控技术综合实践	（2周）	2	6
弹性素养限选课程二选一：8学分	模块一	单片机原理及应用	34	71	5
		单片机原理及应用实践	（1周）	1	5
		传感器与测试技术	34	2	5

续表

课程模块		课程名称	课程总学时（或周）	学分数	开课学期
弹性素养限选课程二选一：8学分	模块一	传感器与测试技术实践	（1周）	1	5
		电液控制技术	34	2	6
		数控机床故障诊断技术	34	2	6
		微机原理与接口技术	34	2	8
	模块二	CAD/CAM技术及其应用	42	2.5	2
		CAD/CAM技术及其应用实践	（1周）	1	2
		工程材料及成形技术	42	2.5	3
		塑料模具设计与制造	34	2	6
		有限元设计方法	40	2	6
		机械系统优化设计理论	17	1	6
		先进制造技术	17	1	6
任意选修课程：10学分		职业资格证考证培训	（3周）	2	7
		机械工程专业英语	34	2	7
		冷冲模具设计与制造	34	2	7
		模具综合课程设计与制造	（2周）	2	7

续表

课程模块		课程名称	课程总学时（或周）	学分数	开课学期
任意选修课程：10学分		工业产品造型设计	34	2	7
		科技信息情报检索	17	1	7
		机械现代设计技术	34	2	8
		计算机仿真技术	42	2.5	7
		汽车技术概论	34	2	6
教师教育选修课程：6学分	基础课程选修：4学分	教育哲学	34	2	6
		教育科研方法	17	1	4
		中西教育案例赏析	17	1	7
		学校心理辅导	22	1	5
		青少年发展心理学专题	40	2	5
		中外教育名家思想	34	2	5
		教育政策与法规	17	1	4
		基础教育课程改革理论与实践	17	1	7
	学科教育类课程选修：2学分	机械学科教学活动设计	34	2	5
		CAD/CAM课程研究	34	2	6
		机电技术课程研究	34	2	6

（二）硕士层次课程

H大学加工制造方向的职业技术教育专业硕士层次课程要求申请者的前置学历所学专业与本领域方向一致或密切相关，并具有国民教育序列大学本科学历（或本科同等学力）[1]。课程开展采取全日制学习方式，学习年限一般为2年。在学制规定的基本年限内，未能完成学业，可适当延长学习年限，但最长学习年限不得超过4年。课程设置以全国教育专业学位研究生教育指导委员会制订的指导性培养方案为依据，根据专业特点和学校实际稍做调整，包括学位基础课程、专业必修课程、专业选修课程、专业实践4个模块。总学分不少于38学分。具体内容见表7-3。

其中，专业选修课（7学分）分为"信息技术应用"(现代教育技术应用、信息化教学设计)、"班主任与班级管理"(职教班级管理、学生心理辅导与道德教育)、"职教政策"(职教政策比较、职教新理念与新思潮)、"行业技术技能"(先进制造技术、逆向工程与快速原型技术）和"院校自设"(机电一体化技术、机器人技术及应用）5个模块，每个模块开设2~3门选修课程，学分为1分的课程开课采取讲座形式。在每个模块中，学生需至少选修一门课程。

专业实践（8学分）包括教育实践和企业实践。实践教学采取教育实习、教育见习、企业实践、微格教学、教育调查、行业企业调查、课例分析、班级与课堂管理实务等实践形式。学生应以"职业学校课程开发、专业建设、教学设计的实践与应用"和"企业生产过程与岗位能力专题调研"为主题，提交2份研究报告。实践教学时间原则上不少于1年，活动的时间分别不少于3个月（尽可能采取顶岗实习的方式)。教学方式采取由校内指导教师和校外指导教师相结合的"双师型"导师组指导学生学习，校外指导教师为具有副高级及以上专业技术职务的中等和高等职业学校教师和具有高级专业技术职务的行业企业人员。在中等职业学校和行业企业建立稳定的实践基地和校外实训实习基地。课程教学贯彻产教结合、理论与实践相结合、工学结合的原则，以提高职业技术教育教学能力和教研能力为重点，注重培养将新技术新设备等生产资源和企业文化转化为课程与教学资源的能力。

①非师范类专业考生入学后，应至少补修3门教师教育课程(如教育学/心理学和专业教学论)，不计入学分。跨专业考生入学后，至少补修2门本专业基础课，不计入学分。

表7-3 我国H大学加工制造方向的职业技术教育专业硕士层次课程

课程模块	课程名称	学时	学分	开课学期	考核方式
学位基础课（13学分）	硕士学位英语A	32	2	1	考试
	中国特色社会主义理论与实践研究（含教师职业道德教育）	32	2	1	考试
	马克思主义与社会科学方法论	16	1	1	考试
	教育学原理	32	2	1	考试
	课程与教学论	32	2	1	考试
	教育研究方法	32	2	1	考试
	青少年心理发展与教育	32	2	1	考试
专业必修课（10学分）	加工制造专业课程开发与教材分析	32	2	2	考查
	加工制造专业教学设计与案例分析	48	3	2	考查
	职业技术教育测量与评价	32	2	2	考查
	加工制造领域发展前沿专题	48	3	2	考查
专业选修课（7学分）	现代教育技术应用	16	1	2	考查
	信息化教学设计	16	1	2	考查
	职教班级管理	16	1	3	考查
	学生心理辅导与道德教育	16	1	3	考查
	职教政策比较	16	1	3	考查
	职教新理念与新思潮	16	1	3	考查
	先进制造技术	32	2	3	考查
	逆向工程与快速原型技术	32	2	3	考查
	机电一体化技术	32	2	3	考查
	机器人技术及应用	32	2	3	考查
专业实践（8学分）	教育实践与企业实践	144	8	2-3	考查

第三节　我国职教师资培养的主要特点

在前面对我国职教师资培养的历史演变和基本要素梳理之后，本节对我国职教师资培养的主要特点进行概括。

一、以政府为主导

从我国职教师资培养的历史发展来看，国家政府一直发挥不可忽视的作用。早在中华人民共和国成立以前，职教师资的培养由国家政府来主导。如在民国时期，国民政府非常重视对职教师资的培养，职教师资的培养渠道较为多元化。中华人民共和国成立后，国家对职教师资的培养发挥牵头作用，不仅先后兴建一批独立设置的职教师资的培养机构、批准一批有条件的综合大学创立职业技术师资班等，为我国职教师资的培养奠定重要基础，还依托普通高校、职业院校和企业等，建设一批全国重点职教师资培养培训基地。除此之外，国家在职教师资的职前培养和职后培训等方面拓宽培养培训途径，如面向优秀中职教师开设在职攻读硕士学位的途径，出台职教教师素质提高计划意见，开展职教教师的职后培训项目等。

除了有形的培养机构和培养基地的建设以外，近年来，国家对职教师资培养的管理进一步加强，这主要体现在一些无形的制度设计上，如制订职教教师专业标准、全国统一的职教教师资格认定制度，以及职业技术师范教育专业认证标准等。不可否认的是，我国政府在职教师资培养上始终体现主导作用，而且随着我国职教师资培养的发展，政府的主导作用在不断加强。

二、项目化的培养体系

我国长期以来的职教教师培养体系是以项目化培训为基本形式运作的，缺乏稳定的、制度化的职教师资培养体系。这种项目化的培养体系主要是依托教育行政部门发布的项目来开展职教师资培训。如2006年和2011年先后出台的《教育部、财政部关于实施中等职业学校教师素质提高计划的意见》（教职成〔2006〕13号）和《教育部、财政部关于实施职业院校教师素质提高计划的意见》（教职成〔2011〕14号）文件，大力推进职教教师的职后培训。在这种项目化的培养体系中，职教师资的培养主要是以项目为单位独立进行管理，培训过程依据项目要求预先设置①。显然，这种项目化的职教师资培养，对于突破我国职教师资培养体系障碍和短时间内提高职教教师水平来说有积极作用，但其有职教师资培养的不稳定性等特征，因此可以视其为一种过渡状态。

三、基本要素的相对独立

本研究确立专业标准、资格认证、课程设置为职教师资培养的三大基本要素。从我国职教师资培养的现实情况来看，这三大基本要素之间的关系显得相对独立。例如，从我国职教教师的资格认证来看，2013年我国明确提出教师资格考试实行全国统一考试。中职教师资格考试包括笔试和面试两部分，笔试科目为综合素质、教育知识与能力、专业知识与教学能力3科，由教育部统一制订考试标准和考试大纲，教育部考试中心组织实施教师资格考试。这种以结果为导向的认证方式并未明确表明职教教师资格认证与职教师资培养课程内容之间的关系。此外，虽然《中小学教师资格考试暂行办法》指出要依据教师专业标准……制订教师资格考试标准，《职业技术师范教育专业认证标准》指出主要依据国家教育法律法规和中等职业学校教师专业标准制订，

① 徐国庆.从项目化到制度化：我国职业教育教师培养体系的设计[J].教育发展研究，2014(5)：19-25.

但由于我国目前的中职教师专业标准比较笼统且操作性不强，其对资格认证与课程设置的指导作用有限。因此，三大基本要素之间的对应程度与联系有待加强。

我国职教师资培养自有特点，在培养体系、培养模式、培养路径方面取得了较大的成效，但也有一些问题出现，如过度集权而缺乏配套措施、专业教育的开放性较低、专业标准的操作性不强、资格认证忽视培训过程、师资培养课程体系的割裂等等。

第四节　我国职教师资培养的改进对策——基于VPCK视角

随着职教师资培养专业化的发展，职教教师教育改革不能再停留在“重形式轻实质”上，而是开始关注职教师资培养的内在实质专业化，即职教教师的专业发展。在职教教师专业发展中，最为核心的是从知识论的视角关注教师VPCK的培养，VPCK被认为是最能区分职教教学专家与学科专家、高效职教教师与低效职教教师的一种知识。本节基于VPCK的视角提出我国职教师资培养的改进对策，并在最后试图对我国职教师资培养的理想模型进行构建。

一、建立“政府—市场”的管理机制

在我国，职教师资的培养作为关乎国民教育质量的重要环节，需要国家政府发挥积极作用。而从我国职教师资培养的发展历程来看，我国长期以来职教师资的培养似乎在走内在实质专业化的道路，目前尚未形成成熟的职教师资培养体系。可以说，从我国职教师资培养的现实情况来看，要想从项目化的培养体系向制度化的培养体系过渡，当前条件下中央政府对职教教师资

格认证的集权管理有助于较为快速地解决我国职教师资培养制度基础薄弱的问题，某种程度上来说也利于我国职教教师水平的提升和保障。

我国幅员辽阔，为保证职教师资培养的顺利开展，需要建立多方合作的运作机制，引导政府以外的其他“力量”的参与。从现有的“国考”改革来看，就考试内容而言，职教教师的考试科目综合素质、教育知识与能力实行全国统考，专业知识与教学能力科目暂由各省（区、市）自行命题和组织实施。国家确定笔试成绩合格线，省级教育行政部门确定面试成绩合格线。笔者认为，实行这种“普通教育学知识的全国统考”与“专业知识与专业教学知识的地方命题”的方式考虑到职教的区域性与特殊性，因此值得肯定。然而，对“专业知识与教学能力”的考核仍然落到地方教育行政部门上。这种关注政府官方力量的做法，容易忽略师资培养过程中其他利益相关者的参与。因此，我国职教师资的培养亟需建立“政府—市场”的管理机制：一方面对职教教师资格证书的认证实行中央集权管理，以保证职教师资培养的制度基础。这种集权管理主要体现在两个方面，即对职教教师专业（资格）标准的制订和对证书质量的监管。另一方面地方自行命题和组织实施《专业知识与教学能力》科目考核时，应当积极引导市场力量的介入，其中最主要的方式为建设授权体系，如将对专业知识和专业教学知识的考核授权给教师组织、行业组织等专业组织，这样不仅能保证职教师资培养中多方利益相关者的积极参与，还能从根本上保证职教教师VPCK和专业教学能力水平，从而保证职教教师的质量，同时能解决我国幅员辽阔带来的地方差异性问题。

二、确立职后培养为主要途径

从职教师资培养的途径来看，主要分为职前培养和职后培养两种途径。哪种培养途径适合我国呢？理论上来讲，两种培养途径在我国都可存在。然而，事实上，我国的职教职前师范教育发展得极为艰难。从开设此类专业的院校数量来看，全国共有37所高校开设了本科阶段的职业技术师范专业，有49所高校招收硕士层次的职教师范生，跟我国1 000多所的普通高等学校总数量相比，培养职教师资的院校数量偏少。同时，从培养的学生数来看，这些院校每年输送的职教师范毕业生约2万人。调查显示，在8所职技高师院校中，全日制在校生大约为11万人，校均1.4万人，八所职技高师师范专业教育的比例都比较低，有的院校比例甚至不足10%。与独立设置的职技高师院校相比，普通高校对职教师资的培养能力更为有限。一些普通高校甚至只承担职教师资培训的工作，对职前职教师资培养工作基本不涉及①。从现实情况来看，我国职教的职前师范教育规模在明显“萎缩”。从职教师资的市场需求来看，高中阶段和大学阶段分别基本实现了普职招生比例的1∶1，因此职教师资的短缺问题显得突出，职业院校不得不从普通师范教育、各类普通大学教育甚至是各行各业中招聘职教教师。

基于这样的现状，在我国，大力发展职教职前师范教育是不现实的，因而职后培养应当成为我国职教师资培养的主要途径。事实上，职教师资的职后培养在我国早就存在，特别是2006年和2011年先后出台的《教育部、财政部关于实施中等职业学校教师素质提高计划的意见》（教职成〔2006〕13号）和《教育部、财政部关于实施职业院校教师素质提高计划的意见》（教职成〔2011〕14号）文件，大力推进了职教教师的职后培训。但是这种职后培训主要是以政府资助计划项目的形式存在的，没有统一的实施与执行框架，培训行为也不稳定②。因此，在确立了职后培养的主要途径后，一方面要处理好与职前师范教育的关系，对不同背景的师资来源进行不同的培养途径设计，如师范生主要采取职前培养途径，而对于有一定工作经验并在相关领域取得相应成就的申请者，则可在通过相关能力认定程序后，准予其进入职后培养途径，另一方面要对职后培养进行系统规划，可按照“双元制”的培养模式来开展我国职教师资的职后培养，使之成为稳定的、组织化的、具可操作性的职教师资培养路径。而这时的职后培养，是面向所有不同背景的刚刚入职的职教教师。新晋教师可在一定时限内，在授课的同时定时地去师资培养机构

① 孙翠香.职教师资培养：一个亟待关注的问题[J].职教论坛，2013(25)：63-70.

② 徐国庆.从项目化到制度化：我国职业教育教师培养体系的设计[J].教育发展研究，2014(5)：19-25.

接受培训，即学校培养与教师在职工作、实践经验累积同时进行，二者紧密配合，按计划分阶段实施，以实现教师专业教学能力的有效发展。这种培养模式的设计，能够帮助职教教师对专业教学中的问题进行及时反馈，直接促进职教教师VPCK的生成。

三、完善职教教师专业标准

职教教师由于其专业背景的复杂性，使得职教师资专业标准的制订颇为复杂。从我国目前的职教教师专业标准来看，其制订过程过于“快餐化”，内容的操作性不强，对教师资格认证和师资培养课程内容设置的规范和指导作用较为有限。可以针对不同专业领域的职教教师开发专业标准，提高标准的针对性与操作性。我国中职的专业众多，因此可按照中职专业类来进行开发。与此同时，专业标准的开发还需要政府组织并吸收相关专业人员或专业组织的参与，以保证对职教教师专业教学能力的精准把握。另外，在内容上，要基于教师的专业发展来开发标准内容。我国的职教教师专业标准内容，不仅要在强调教师专业知识的同时弥补职教教师对教育学基础知识缺乏的问题，加强对教育学、心理学等相关教学法知识的要求，更要强调专业标准中对教师实践知识的要求，即对VPCK的关注和开发，这才是职教教师专业发展的核心问题。同时，在专业标准的功能和效用上，要强调专业标准对职教教师资格认证和课程内容设置的指导作用，以保证对职教师资培养质量的监控。

四、建立“过程导向”的资格认证制度

从职教教师资格证书的认证经验来看，基本上体现了“过程导向”的认证程序。在我国，自2015年起，我国中职教师资格认证考试不再由各省份自行组织，而是实行全国统考。无论是师范生还是非师范生，都可报名参加国家考试，只要通过“国考”，就能申请获得教师资格证书。这种以资格证书的考取结果为导向的认证体系，容易忽略对师资培养过程的关注，即抛弃了职教教师专业教育的前提。因此，我国亟须对现有职教教师资格证书制度进行

改革，建立“过程导向”的资格认证制度。一是改变目前职教教师资格考试的开放性状态，对报名参加考试的申请者设定一定的受训过程要求。这一受训过程尤其要强调对职教教师VPCK的培养过程。对职教教师VPCK的培养过程是申请获得完全的职教教师资格证书的必备条件。二是建立资格证书定期更新的配套培训机制，保证教师在这过程中专业教学能力的逐步提升，而非简单的流于形式的重复注册。三是建立确保资格认证与专业标准和课程内容一致性的机制，尤其是现有的资格认证只是体现基本从业资格，无法真正推动教师的专业发展，因此，需要从资格认证的程序和要求上与专业标准和课程内容相适应，尤其要设计对教师VPCK和专业教学过程的考察环节。

五、改革职教师资培养课程体系

一是加强职教师范生“本硕一贯制”课程体系的开发。从现实情况来看，我国本科层次的职教师范生培养遭遇诸多尴尬。例如，在东部某些经济发达地区，本科层次的师资已无法满足地方对职教师资学历的要求，这使得当地的师资培养单位不得不关闭本科层次的职教师范生课程。可见，随着我国职业院校办学水平的不断提升，对职教师资的学历要求日益提高，培养一批具有硕士学位的高水平职教师资成了一些职业院校的内在需求。我们应该对现有职教师资培养课程体系进行改革。我国一些院校的职教师范教育专业的本科层次和硕士层次课程存在层次上的割裂问题，两者没有实质的衔接关系，而很多教育类基础课程在硕士阶段重复开设。因此，建议职教师资培养单位积极转型，探索职教师范生本硕连读制度，并基于职教教师培养的连贯性设计“本硕一贯制”的课程体系。将职教师范生的本科层次和硕士层次课程纳入整体框架进行统一规划设计，保证课程模块内容的循序渐进和有效衔接。

二是构建“三性融合”的课程体系。我国开设的本科层次的四年制职教教师教育专业常见的课程结构是“通识课+专业课+（职教）教育类课程”，存在各模块自成体系、相互之间没有关联、彼此割裂的问题，具体表现为：专业课程权重大，职教、教学类课程较少；融“专业性、职业性和师范性”于一身的“专业教学论”课程比例非常低等。我国职教教师培养课程体系亟须改变这种横向上互相割裂的状态，不仅要注重各个课程模块之间的关系，注重职教教师“三性合一”的特点，还要特别关注VPCK类课程模块的开发与设置。

三是开发基于VPCK的职后培养课程体系。除了对职前培养课程体系进行改革，还需对职后培养的课程体系进行开发。职后培养应该成为我国职教师资培养的主要途径，而就目前的现实情况来看，职教师资的职后培养主要是以政府资助计划项目的形式开展的，没有统一的实施与执行框架，培训行为不稳定，因此通常职后培养的课程体系设计有较大的随意性。一般来说，大学本位的职前培养的主要功能在于提供系统的理论学习，职后培养的主要功能则在于帮助职教教师将所学理论与教学实践相结合，形成现实的教学能力。然而，就目前诸多职教师资培养机构所开设的职后培养课程来看，教育学类的理论性课程偏多，关于教师教学实践能力的课程则偏少；或忽略职后培养的主要功能，成了职前培养课程的“压缩饼干”。我国亟须基于VPCK开发职后培养课程体系。此类课程的开发和开展，除了传统的职教师资培养机构，应当充分发挥各个职教师资培养基地的主体作用。目前全国一共有61个本科院校的职教师资培养培训基地。到2022年，我国将建设100家校企合作的“双师型”教师培养培训基地和100个国家级企业实践基地。因此，我国应当充分发挥这些职教师资培养培训基地的功能，建立职教教师培养机构网络，基于VPCK开发并开展全员覆盖的职教师资职后培养课程。

综上，应用第二章构建的分析模型，可构建我国职教师资培养的理想模型，见图7-1。在这个模型中，职教师资培养的外部环境中（即外圈）的各个利益相关者，由国家政府占据主导地位，同时引导专业组织等市场力量的积极参与。在中圈的职教师资培养体系方面，体现职前师范培养和职后培养并存而职后培养为主要途径的制度架构。内圈中，职教师资培养的专业标准、资格认证和课程设置三大基本要素体现紧密对应与互动的关系：一方面职教教师专业标准能为职教教师资格认证和师资培养的课程设置提供标准和参照；

另一方面职教教师资格认证要求职教教师专业标准和师资培养课程设置有一致性。三者对应与互动的主要依据即是职教教师VPCK的培养。

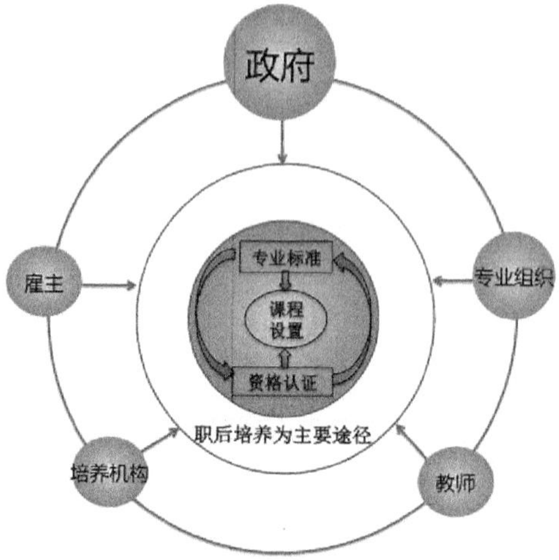

图7-1　我国职教师资培养模型的构建

// 本章小结

本章首先对我国职教师资培养的历史演变做简单回顾，接着对我国职教师资培养的专业标准、资格认证、课程设置三个基本要素进行了剖面呈现。通过对我国职教师资培养的历史演变和基本要素的梳理，发现我国职教师资培养的特点可以概括为以政府为主导、项目化的培养体系、基本要素的相对独立。

我国职教师资培养取得了诸多成就，同时存在一些问题：一是中央集权缺乏配套措施，限制职教教师资格证书“专业性”的提高；二是专业教育的开放性较低，我国职教教师专业教育亟须以更加灵活的方式向更多不同背景的学生开放；三是专业标准的操作性不强，用于中职教师专业发展的实用性有限；四是资格认证忽视培训过程，忽视对职教教师专业教育过程的关注；五是师资培养课程体系的割裂，具体体现为课程层次和课程模块内容的割裂。

基于对我国职教师资培养历史、现状和问题的分析，本章最后基于VPCK的视角，提出我国职教师资培养的改进对策，具体包括：建立“政府—市场”的管理机制、确立职后培养为主要途径、完善职教教师专业标准、建立“过程导向”的资格认证制度、改革职教师资培养课程体系，并试图构建理想状态下我国职教师资培养的模型。

结 语

本研究以职教师资培养为研究对象，旨在为职教师资培养这一研究领域提供一定的理论贡献和实践贡献。

第一，职教师资培养从“形式专业化”转向“实质专业化”。职教师资培养的专业化分为外在的形式专业化和内在的实质专业化。西方国家由于其政治经济文化传统，较为强调形式正义，所以早于中国几十年提出职教师资培养形式专业化的任务，目前已经形成较为完备的形式专业化的职教师资培养体系。但如同形式正义存在缺陷一样，形式专业化存在许多问题，英国、美国和德国三国近年来的共同特点是在强化职教师资培养外在形式专业化的同时采用各种策略促进职教师资培养的内在实质专业化。

第二，促进职教师资培养“实质专业化”的工具是VPCK理论。职教师资培养的专业化不能只关注外在形式的专业化，而更应该关注教师内在的专业发展，也就是从注重职教教师的入职、晋升的程序、标准等形式，过渡到注重知识论视野中职教师资知识能力结构的形成。在普通教育视域中，20世纪80年代舒尔曼提出的学科教学知识（PCK）理论从知识论的视角为教师专业发展研究提供一种新的解释力，进而为教师教育或师资培养的专业化提供一种新视角。本研究将该理论应用于职教视域，将其再概念化为“职业教育专业教学知识”(VPCK)。VPCK作为最能区分职教教学专家与职教专家、高效职教教师与低效职教教师的一种知识，在当今职教教师专业发展中具有重要地位。对VPCK的培养，是促进职教师资培养内在实质专业化的核心问题。

第三，我国职教师资培养长期以来走的是“实质专业化”道路。从我国职教师资培养的发展历程来看，我国长期以来职教师资的培养似乎在走内在实质专业化的道路，这一点可从“双师型”师资为特色的职教教师资格制度中窥见，即强调职教师资的岗位能力，教师是不是有资格证书并不重要。然而，我国强调“双师型”的内在实质专业化道路与西方国家强调职教教师VPCK的内在实质专业化道路有所区别。“双师型”教师指的是既掌握师范技能又精通专业技术的教师。VPCK是在专业知识、教育学知识和情境知识等相互作用、融合合成的基础上产生的，它不是简单的知识的叠加，因此不同于任何原来的知识。从VPCK的视角来看，职教教师需要的正是这种专业知识与职业教育学知识结合起来形成的新的知识，因此，职教教师绝不仅仅是“教师”和“工程师”两种职业身份上的简单叠加。我国本土化的“双师型”教师概念的格局过于狭隘，VPCK有助于我们从知识基础的角度去重新理解职教教师的职业身份，这是职教教师培养内在的实质专业化的首要前提。

第四，我国职教师资培养要注重“形式专业化”与“实质专业化”相结合。纵览我国职教师资培养的发展历程，不难发现，自中华人民共和国成立以来，我国职教师资培养的发展时间较短，我国尚未形成成熟的职教师资培养体系。近年来，我国逐渐认识到职教师资培养制度化与规范化的重要性，如制订了职教教师专业标准和全国统一的职教教师资格制度等。可以说，在缺乏外在的形式专业化的背景下，我国职教师资培养内在的实质专业化道路步履维艰。因此，我国可以通过形式专业化而提高职教师资培养专业化的普及性。我国引进形式专业化时，应该警惕并注意到国外走过的“弯路”，同时要保留实质专业化的“优良传统”，形成形式专业化与实质专业化相辅相成的局面。

本研究从外在形式专业化和内在实质专业化两个维度对职教师资培养进行分析，这些尝试显然还是不够的。在未来，应进一步将PCK理论应用于职教教师专业发展的研究，丰富VPCK领域，同时创新研究方法，开展关于VPCK的测量研究，扩大实证研究，以期更好地为我国当前的职教师资培养服务。

主要参考文献

[1] AVIS J, BATHMAKER A, PARSONS J.Reflections from a time log diary: toward an analysis of the labour process within further education [J]. Journal of vocational education and training, 2001(2): 61-78.

[2] AVIS J, MORGAN-KLEIN B, CANNING R, et al. Teacher education for vocational education and training: a comparative study of the Scottish and English systems set within a European context [J]. Scottish educational review, 2012 (2): 14-23.

[3] BAUER K O. Pädagogisches handlungsrepertoire und professionelles selbst von lehrerinnen und lehrern[J].Zeitschrift für pädagogik, 1998(3): 343-359.

[4] BAUER W.TVET teachers and instructors in Germany [M]//GROLLMANN P, RAUNER F.International perspectives on teachers and lecturers in technical and vocational education. Dordrecht: Springer Netherlands, 2007: 123-158.

[5] BEREDAY G Z. Comparative method in education [M]. New York: Holt, Rinehart and Winston, 1964.

[6] BIRMAN B F, DESIMONE L, PORTER A C, et al. Designing professional

development that works[J]. Educational leadership,2000(8):28-33.

[7] Board of Education. The Mcnair report: teachers and youth leaders [R]. London:HMSO,1944.

[8]BOTTOMS G, EGELSON P, SASS H, et al. Improving the quality of career and technical alternative teacher preparation: an induction model of professional development and support [EB/OL]. [2015-10-01]. http://www. nrccte. org/sites/default/files/publication-files/nrccte_sreb_alternative_certification.pdf.

[9]BRECHENMACHER R, GERDS P. Grundmodelle der gewerbelehrerbildung im historischen wandel. Ein beitrag zur geschichte gewerblich-technischer fachrichtungen [M]// BANNWITZ A, RAUNER F. Wissenschaft und beruf. Berufliche fachrichtungen im studium von berufspädagogen des gewerblich-technischen bereiches. Bremen: Donat, 1993: 38-60.

[10] Bureau of Labor Statistics. Career and technical education teachers [EB/OL]. [2015-12-01]. http://www. bls. gov/ooh/educationtraining-and-library/career-and-technical-education-teachers.htm.

[11]BURKE K.Teacher certification exams: what are the predictors of success? [J]. College student journal, 2005(4): 784-793.

[12]CAENA F.Initial teacher education in Europe: an overview of policy issues [EB/OL]. [2015-12-07]. http://ec. europa. eu/education/policy/strategic-framework/expert-groups/documents/initial-teacher-education_en.pdf.

[13]CAMP W G, HEATH-CAMP B.The status of CTE teachers education today [J]. Techniques, 2007(6): 16-19.

[14] CARLTON D, GENT W, SCAMMELS B. The administration of technical colleges[M].Manchester: Manchester University Press, 1971.

[15] COCHRAN K F, DERUITE J A, KING R A. Pedagogical content knowledge: an integrative model for teacher preparation [J]. Journal of teacher education, 1993(4): 263-272.

[16]CORT P, HÄRKÖNEN A, VOLMARI K, et al. PROFF: professionalisation of VET teachers for the future (vol. 104) [R]. Luxembourg: Office for Official Publications of the European Communities, 2004.

[17]Deutscher B. Empfehlungen der bildungskommission: strukturplan für das bildungswesen. Lehrerbildung für berufliche schulen[M]. Stuttgart Klett, 1973.

[18]DEWEY J. How we think[M]. Boston: Heath, 1933.

[19]DfEE. NCVQ 1995 quinquennial review, stage one report[R]. London: DfEE, 1995.

[20]DfES. Success for all: reforming further education and training[EB/OL]. [2015-06-24].https://www.education.gov.uk/consultations/downloadableDocs/189_1.pdf.

[21]DfES. Equipping our teachers for the future: reforming initial teacher training for the learning and skills sector[EB/OL].[2015-06-14].http://webarchive.nationalarchives.gov.uk/20130401151715/http://www.education.gov.uk/publications/eOrderingDownload/ITT_Reform_1.pdf.

[22]DUNKIN M J. The international encyclopedia of teaching and teacher education[M].Oxford: Pergamon Press, 1987.

[23]Education Degree. Vocational education teacher programs[EB/OL].[2015-12-30]. https://www.educationdegree.com/programs/vocational-education/.

[24]ETF. Initial guidance for users of the professional standards for teachers and trainers in education and training-England[EB/OL].[2015-06-24].http://dera.ioe.ac.uk/15276/1/professional%20development%20in%20fe.pdf.

[25]ETF. Initial teacher education provision in FE and skills[EB/OL].[2015-11-28]. http://www.et-foundation.co.uk/wp-content/uploads/2015/07/ITE-data-report-FINAL.pdf.

[26]FEFC. Professional development in further education[EB/OL].[2015-06-24].http://dera.ioe.ac.uk/15276/1/professional%20development%20in%20fe.pdf.

[27]FINCH C R, MCGOUGH R L. Administering and supervising occupational education[M]. Prospect Heights, IL: Waveland, 1991.

[28] FINCH C R. School-to-work transition in the United States [J]. International journal of vocational education and training, 1997(1): 69-84.

[29]FINCH C R. Vocational teacher education in an era of change: the United States experience[J]. Australian journal of teacher education, 1998(2): 36-48.

[30] FLETCHER E C, ZIRKLE C. Career and technical education's role in alternative teacher licensure[M]//WANG V C X. Definitive readings in the history, philosophy, theories and practice of career and technical education. Hangzhou: Zhejiang University Press, 2010: 84-102.

[31] FLETCHER M, LUCAS N, CROWTHER N, TAUBMAN D. The further education workforce[M]//HODGSON A. The coming of age for FE? Reflection on the past and future role of further education colleges in England. London: IOE Press, 2015: 89-111.

[32] FREIDSON E. Professional powers: the study of institutionalization of formal knowledge. Chicago: University of Chicago Press, 1986.

[33] FREIDSON E. Professionalism reborn: theory, prophecy, and policy [M]. Chicago: University of Chicago Press, 1994.

[34]GREEN A, WOLF A, LENEY T. Convergence and divergence in European education and training systems [R]. London: Institute of Education, University of London, 1999.

[35] GROLLMANN P, BAUER W. Technical and vocational education and training research for the professionalisation of vocational teachers[M]. RAUNER F, MACLEAN R. Handbook of technical and vocational education and training research. Dordrecht: Springer Netherlands, 2008: 385-392.

[36]GROLLMANN P, RAUNER F. International perspectives on teachers and lecturers in technical and vocational education[M]. Dordrecht: Springer Netherlands,

2007.

[37] GROLLMANN P, RAUNER F. TVET teachers: an endangered species or professional innovation agents? [M]//GROLLMANN P, RAUNER F. International perspectives on teachers and lecturers in technical and vocational education. Dordrecht: Springer Netherlands, 2007: 1–26.

[38] GROLLMANN P. Past research and future perspectives in terms of international research on vocational teachers' education and professionalization [EB/OL]. [2015–05–10]. http://www.cedefop.europa.eu/files/2143–att1–1–Grollmann–Helsinki.doc.

[39] GROSSMAN P L. The making of a teacher: teacher knowledge and teacher education [M]. New York: Teachers College Press, 1990.

[40] HASCHER T. Reformen der lehrerbildung. Zwischen allmachtsphantasien und gesellschaftlicher aufgabe [M]//BRUMLIK M, MERTENS H. Bildung–Macht–Gesellschaft. Opladen: Verlag Barbara Budrich, 2007: 129–148.

[41] HESA. Initial teacher training in–year record 2012/13 [EB/OL]. [2015–11–29]. https://www.hesa.ac.uk/index.php? option=com_studrec&Itemid=232&mnl=12053.

[42] HESSE H A. Berufe im wandel: ein beitrag zur soziologie des berufes, der berufspolitik und des berufsrechts. 2. Aufl [M]. Stuttgart: Gustav Fischer, 1972.

[43] HODGSON A, SPOURS K. New labour's educational agenda: issues and policies for education and training from 14+ [M]. London: Kogan Page, 1999.

[44] HODGSON A, SPOURS K. The future for FE colleges in England: the case for a new post–incorparation model [M]//HODGSON A. The coming of age for FE? Reflection on the past and future role of further education colleges in England. London: IOE Press, 2015: 199–219.

[45] HOYLE, E. Teachers as professionals [M]//ANDERSON L W. International encyclopedia of teaching and teacher education. Oxford: Pergamon Press, 1995:

11-15.

[46]JACOB J, GRUBB W N. Implementing the "educational consensus": the federal role in supporting vocational-technical education [R]. Washington, DC: Office of Vocational and Adult Education, 2002.

[47] JACQUES C, POTEMSKI A. 21st century educators: developing and supporting great career and technical education teachers [R]. Washington, DC: American Institute for Research, 2014.

[48] JÓHANNESSON I Á. Teachers' work and theories of professionalism: conceptualizing a new approach[C]//Annual convention of the American educational research association.New York: 1996.

[49] KIMBALL B. The true professional ideal in America: a history [M]. Cambridge (Mass.): Blackwell Publishers. 1992.

[50] KLIEBARD H M. Schooled to work: vocationalism and the American curriculum 1876-1946[M]. New York: Teachers College Press, 1999.

[51] KMK. Laendergemeinsame inhaltliche anforderungen für die fachwissenschaften und fachdidaktiken in der lehrerbildung [S]. Berlin: Sekretariat der Kultusministerkonferenz, 2013.

[52]KMK. Rahmenvereinbarung über die ausbildung und prüfung für lehrämter für die sekundarstufe ii (berufliche fächer) oder für die beruflichen schulen (lehramtstyp 5) (beschluss der kultusminister-konferenz vom 12.05.1995 i.d.f. vom 07.03.2013)[S]. Berlin: Sekretariat der Kultusministerkonferenz, 2013.

[53]KMK. Standards für die lehrerbildung: bildungswissenschaften[S]. Berlin: Sekretariat der Kultusministerkonferenz, 2004.

[54] KRAUSS S, BRUNNER M, KUNTER M, et al. Pedagogical content knowledge and content knowledge of secondary mathematics teachers[J]. Journal of educational psychology, 2008(3): 716.

[55]KURTZ T. Professionalisierung im kontext sozialer systeme: der beruf des

deutschen gewerbelehrers[M]. Opladen: Westdeutscher Verlag, 1997.

[56] LABAREE D F. Power, knowledge, and the rationalization of teaching: a genealogy of the movement to professionalize teaching [J]. Harvard educational review, 1992(2): 123-154.

[57] LINGFIELD R. Professionalism in further education: final report of the independent review panel established by the minister of state for further education, skills and lifelong learning[R/OL]. [2015-08-15]. https://www.gov.uk/government/uploads/system/uploads/attachment_data/file/422247/bis-12-1198-professionalism-in-further-education-review-final-report.pdf.

[58] LLUK New overarching professional standards for teachers, tutors and trainers in the lifelong learning sector [S/OL]. [2015-06-20]. http://www.et-foundation.co.uk/wp-content/uploads/2014/04/new-overarching-standards-for-ttt-in-lifelong-learning-sector.pdf.

[59] LSIS. Teaching and training qualifications for the further education and skills sector in England[EB/OL]. [2015-08-05]. http://webarchive.nationalarchives.gov.uk/20130802100617/http:/lsis.org.uk/sites/www.lsis.org.uk/files/Guidance-for-Employers-and-Practitioners-2013-April.pdf.

[60] LUCAS N. One step forward, two steps back? The professionalisation of further education teachers in England[J]. Research in post-compulsory education, 2013(4): 389-401.

[61] LUCAS N. The FENTO fandango: national standards, compulsory teaching qualifications and the growing regulation of FE college teachers[J]. Journal of further and higher education, 2004(1): 35-51.

[62] LYNCH R L, RUHLAND S K. Career and technical teaching and teacher education in the United States of America [M] //GROLLMANN P, RAUNER F. International perspectives on teachers and lecturers in technical and vocational education. Dordrecht: Springer Netherlands, 2007: 277-306.

[63] MCCLASIN N L, PARKS D. Teacher education in career and technical education: background and policy implications for the new millennium [R]. Columbus: National Dissemination Center for Career and Technical Education, 2002.

[64] MEEDER H, SUDDRETH T. Common core state standards & career and technical education: bridging the divide between college and career readiness [EB/OL]. [2016-09-21]. https://www.achieve.org/files/CCSS-CTE-BridgingtheDivide.pdf.

[65] MEEDER H. The Perkins Act of 2006: connecting career and technical education with the college and career readiness agenda [EB/OL]. [2015-12-01]. http://www.achieve.org/files/Achieve-CTEPolicyBrief-02-07-08.pdf.

[66] MILLER A J. Certification: a question of validity [J]. VocEd, 1982 (2): 27-29.

[67] MOOS L, CORT P, SORENSEN M, et al. Training of VET teachers and trainers in Europe: a comparative perspective. Frimodt [R]. The Netherlands: the Danish University of Education and Rasmus Frimodt. The Danish Institute for Educational Training of Vocational Teachers, 2006.

[68] NASDCTEc. Career clusters [EB/OL]. [2015-12-01]. http://www.careertech.org/sites/default/files/CareerClustersPathways.pdf.

[69] NBPTS. Career and technical education standards for teachers of students ages 11-18+ [EB/OL]. [2015-12-03]. http://boardcertifiedteachers.org/sites/default/files/EAYA-CTE.pdf.

[70] NBPTS (National Board for Professional Teaching Standards). Early adolescence through young adulthood—career and technical education—assessment at a glance [EB/OL]. [2015-12-21]. http://www.nbpts.org/sites/default/files/documents/certificates/Aaag/EAYA_CTE_AssessAtaGlance_05.22.13_Final.pdf.

[71] NICKOLAUS R, ABELE D G S. Teacher training for vocational schools in Germany: structures, problems, perspectives [EB/OL]. [2015-09-10]. http://www.uni-stuttgartde/bwt/forschung/projekte/projektgalerie/davinci/_paper_vocational_tea-

cher_training_de.pdf.

[72] OEVERMANN U. Theoretische skizze einer revidierten theorie professionalisierten handelns [M]//COMBE A, HELSPER W. Pädagogische professionalität. untersuchungen zum typus pädagogischen handelns. Frankfurt: Suhrkamp, 1996: 70-182.

[73] Ofsted. Initial teacher education inspection statistics September 2014 to August 2015 [EB/OL]. [2015-12-01]. https://www.gov.uk/government/uploads/system/uploads/attachment_data/file/460703/nitial_Teacher_education_inspections-and_outcomes_September_2014_to_August_2015.pdf.

[74] Ofsted. The initial training of further education teachers: a survey. HMI 1762[R]. London: OFSTED, 2003.

[75] Ohio Board of Regents, Department of Education. Ohio educator licensure standards for career-technical education route b teacher licensure [EB/OL]. [2015-12-23]. https://www.ohiohighered.org/files/uploads/education-prep/documents/career_technical_non_baccalaureate_licensure_program_standards.pdf.

[76] Ohio Board of Regents, Department of Education. Ohio educator licensure standards for career-technical baccalaureate agriscience [EB/OL]. [2015-12-23]. https://www.ohiohighered.org/files/uploads/education-prep/documents/career_tech-_route_a_agriscience_licensure_program_standards.pdf.

[77] Ohio Board of Regents, Department of Education. Ohio educator licensure standards for career-technical education baccalaureate family and consumer sciences careers. [EB/OL]. [2015-12-23]. https://www.ohiohighered.org/files/uploads/education-prep/documents/reer_tech_route_a_family_and_consumer_sciences_licen-sure_program_standards.pdf.

[78] Ohio Board of Regents, Department of Education. Ohio educator licensure standards for career technical integrated business teacher licensure [EB/OL]. [2015-12-23]. https://www.ohiohighered.org/files/uploads/education-prep/documents/

career_tech_route_a_integrated_business_licensure_program_standards.pdf.

[79] Ohio Department of Education. Paths to obtain an Ohio career-technical teacher license [EB/OL]. [2015-12-30]. https://education. ohio. gov/getattachment/Topics/Teaching/Educator-Licensure/Prepare-for-Certificate-License/CTE-Teacher-Prep-and-Licensure/Hiring-a-Career-Technical-Workforce-Development-Te/TeacherLicensureProc11_1_11.pdf.aspx.

[80] Ohio State University. Bachelor of science in education, technical education and training business education teacher education program sheet[EB/OL]. [2015-12-30]. http://ehe. osu. edu/downloads/academics/program-sheets/business-education-teacher-education-specialization-in-technical-education-and-training.pdf.

[81] Ohio State University. Career and technical education teacher licensure program licensure handbook (2015-2016) [EB/OL]. [2015-12-30] http://ehe. osu. edu/downloads/educational-studies/wde/career-technical-licensure-handbook-2015-16.pdf.

[82] ORR K. Performativity and professional development: the gap between policy and practice in the English further education sector [J]. Research in Post-compulsory Education, 2009(4): 479-489.

[83] PARK S, JANG J Y, CHEN Y C, JUNG J. Is pedagogical content knowledge (PCK) necessary for reformed science teaching? Evidence from an empirical study [J]. Research in Science Education, 2011(2): 245-260.

[84] PARKIN F. Marxism and class theory: a bourgeois critique[M]. New York: Columbia University Press, 1979.

[85] PÄTZOLD G. Berufsschullehrerausbildung zwischen aufbruch, stillstand und rückschritt[M]//BADER R, PÄTZOLD G. Lehrerbildung im spannungsfeld von wissenschaft und beruf. Bochum: Brockmeyer, 1995: 25-59.

[86] PRATTE R, RURY J. Teachers, professionalism, and craft[J]. The teachers

college record, 1991(1): 59–72.

[87] PROSSER C A, QUIGLEY T H. Vocational education in a democracy[M]. Chicago: American Technical Society, 1950.

[88] PUSHKIN D. Professional development/professional disillusionment. Contemporary education issues: teacher training a reference handbook [M]. Santa Barbara: ABC–CLIO, 2001.

[89] QCDA. What is the QCF? [EB/OL]. [2015–08–04]. http://www.qcda.gov.uk/19674.aspx.

[90] RAGGATT P, WILLIAMS S. Governments markets and vocational qualifications[M]. London: Falmer Press, 1999.

[91] RICHARDSON W. The technical colleges: its organisation and administration[M]. London: Oxford University Press, 1939.

[92] ROBSON J. A profession in crisis: status, culture and identity in the further education college [J]. Journal of vocational education and training, 1998 (4): 585–607.

[93] RUHLAND S, BREMER C. Alternative teacher certification procedures and professional development opportunities for career and technical education teachers [R]. Columbus: National Dissemination Center for Career and Technical Education, 2002.

[94] SHULMAN L S. Those who understand: knowledge growth in teaching [J]. Educational researcher, 1986(2): 4–14.

[95] SHULMAN L S. Knowledge and teaching: foundations of the new reform [J]. Harvard educational review, 1987(1): 1–23.

[96] Skills Commission. Teacher training in vocational education[R]. London: Policy Connect, 2010.

[97] State of California Commission on Teacher Credentialing. Designated subjects career technical education teaching credential [EB/OL]. [2015–12–20].

http://www.ctc.ca.gov/credentials/leaflets/cl888.pdf.

[98] STRATMANN K. Die historische entwicklung der gewerbelehrerbildung [J]. Die berufsbildende schule, 1994(2): 40-50.

[99] STURKO P A. Learning and collaboration in professional development for career and technical education teachers: a multi-case study [D]. Moscow: University of Idaho, 2007.

[100] TARROU A L H. In-service technical and vocational teacher training in Europe: a comparative study of all sorts of extended training and further education following on the top of initial teacher education activities [R]. Bruxelles: ATEE, 1993.

[101] TWOMEY S M. The virtual teacher training center: a one-year program to transform subject-matter experts into licensed career and technical education teachers [R]. Journal of vocation education research, 2002(1): 151-173.

[102] U.S. Department of Education. Investing in America's future: a blueprint for transforming career and technical education [R]. Washington, DC: U. S. Department of Education, Office of Vocational and Adult Education, 2012.

[103] UNESCO. Training of teachers/trainers in technical and vocational education [R]. Paris: UNESCO, 1997.

[104] UNESCO/UNEVOC. International framework curriculum for a master degree for tvet teachers and lecturers [EB/OL]. [2015-12-30]. http://www.unevoc.net/fileadmin/user_upload/pubs/Hangzhou_International_framework.pdf.

[105] Universität Bremen. Mastetstudiengang lehramt an beruflichen schulen [EB/OL]. [2015-12-30]. http://dbs.uni-bremen.de/sixcms/media.php/35/Studienplan_Modulhandbuch_MA.pdf.

[106] Universität Bremen. Musterstudienplan bachelor berufliche bildung mit der beruflichen fachrichtung metalltechnik-fahrzeugtechnik [EB/OL]. [2015-12-30]. http://dbs.uni-bremen.de/sixcms/media.php/35/DB_Studienverlauf_Modulhandbuch_01_2014.pdf.

[107]University of Wolverhampton. In service mentor webfolio[EB/OL].[2015-08-08]. http://eportfolio.wlv.ac.uk/viewasset.aspx?oid=1322609&type=webfolio.

[108]University of Wolverhampton. Official PGCE PCE admin webfolio 2014-2015 [EB/OL]. [2015-08-08]. http://eportfolio. wlv. ac. uk/viewasset. aspx? oid=4285787&type=webfolio.

[109]VEAL W R, MAKINSTER J G.Pedagogical content knowledge taxonomies [J]. Electronic journal of science education, 1999(4).

[110] Wikipedia. Teacher education [EB/OL]. [2015-11-20]. https://en.wikipedia.org/wiki/Teacher_education.

[111]YOUNG M, LUCAS N, SHARP G, et al. Teacher education for the further education sector: training the lecturer of the future [R]. London: Institute of Education Post-16 Education Centre/Association for Colleges, 1995.

[112]ZIRKLE C J, MARTIN L, MCCASLIN N L. Study of State Certification/Licensure Requirements for Secondary Career and Technical Education Teachers [R]. St Paul:National Research Center for Career and Technical Education,2007.

[113]巴比 A. 社会研究方法[M].11 版.邱泽奇,译.北京:华夏出版社,2009.

[114]贝磊,鲍勃,梅森.比较教育研究:路径与方法[M].李梅,主译.北京:北京大学出版社, 2010.

[115]操太圣,卢乃桂.伙伴协作与教师赋权:教师专业发展新视角[M].北京:教育科学出版社,2007.

[116]操太圣,卢乃桂.论教学专业化的理论挑战与现实困境[J].教育研究,2005(9):36-41.

[117]曹晔,刘宏杰.我国中等职业教育教师资格制度的历史与现实[J].职教论坛,2011(19):57-61.

[118]曹晔.我国职业技术教育师资培养的历史和现实选择[J].教育与职业,2010(6):5-8.

[119]陈曦萌.从职前培养回顾百年德国职教师资专业化发展[J].职业技术教育,2015(13): 62-67.

[120]陈向明.实践性知识:教师专业发展的知识基础[J].北京大学教育评论,2003(1):104-112.

[121]陈新文.国外高职教育教师专业化及其启示[J].世界职业技术教育,2006(1):4.

[122]陈永芳.职业技术教育专业教学论[M].北京:清华大学出版社,2007.

[123]陈祝林,徐朔,王建初.职教师资培养的国际比较[M].上海:同济大学出版社,2004.

[124]冯泽衍.我国职教师资培训体制研究[D].石家庄:河北师范大学,2009.

[125]付强.基于标准的美国教育改革运动简论[J].青岛大学师范学院学报,2011(1):25-29.

[126]付雪凌,石伟平.美、澳、欧盟职业教育教师专业能力标准比较研究[J].比较教育研究, 2010(12):81-85.

[127]葛洛曼 F,劳耐尔 F.国际视野下的职业教育师资培养[M].石伟平,译.北京:外语教学与研究出版社,2011.

[128]顾明远.教育大辞典[M].上海:上海教育出版社,1991.

[129]关晶.美国中等职业教育的现状、特点和改革趋势[J].职教论坛,2009(21):48.

[130]管辉,谢登斌.德国职业学校教师专业化发展的历史演进[J].职教论坛,2015(1):92-96.

[131]和震,郭赫男.职业教育教师专业标准:美国经验与启示[J].天津大学学报(社会科学版), 2013(3):241-246.

[132]贺文瑾.部分发达国家职教师资培训的特点[J].中国职业技术教育,2006(23):54-55.

[133]贺文瑾.职教教师教育的反思与建构[D].上海:华东师范大学,2007.

[134]胡青,刘小强.分离还是融合:教师教育专业化中形式与实质的矛盾:兼谈学科教学知识(PCK)与当前我国的教师教育改革[J].江西社会科学,2005(11):188-192.

[135]胡业华,卢建平.职教教师专业化视域下的双师型教师培养制度研究[J].职教论坛,2015(24):13-16.

[136]华东师范大学教育科学研究所技术教育研究室.技术教育概论[M].上海:华东师范大学出版社,1985.

[137]黄克孝.职业和技术教育课程概论[M].上海:华东师范大学出版社,2001.

[138]黄崴.教师教育体制:国际比较研究[M].广州:广东高等教育出版社,2003.

[139]黄银忠,孟庆国,张兴会,等.培养"本科+技师"型高等技术应用人才的探索与实践[J].天津工程师范学院学报,2006(4):1-2.

[140]姜大源.职业教育立法的跨界思考:基于德国经验的反思[J].教育发展研究,2009 (19):32-35.

[141]姜大源.职业科学辨析[J].高等工程教育研究,2015(5):149-156.

[142]姜文闵,韩宗礼.简明教育辞典[M].西安:陕西人民教育出版社,1988.

[143]解书,马云鹏,李秀玲.国外学科教学知识内涵研究的分析与思考[J].外国教育研究,2013(6):59-68.

[144]解书,马云鹏.学科教学知识(PCK)研究的发展历程:兼谈对我国教师教育研究的启示[J].现代教育管理,2013(6):56-61.

[145]鞠玉翠.教师教育与教师个人实践理论的更新[J].教育探索,2003(3):92-94.

[146]李黎.英国职教教师的培训与专业发展[J].吉林省教育学院学报,2011(5): 47-49.

[147]李树林.职教教师专业化发展内涵的嬗变[J].职教论坛,2006(23):

24-27.

[148]李霄鹏. 我国职教师资培养模式建构[J]. 职教论坛,2010(1):56-60.

[149]李小丹. 德国职业学校教师资格制度研究[D].天津:天津大学,2009.

[150]梁杰. 中等职教师资培养模式研究[D].秦皇岛:河北科技师范学院,2015.

[151]刘翠航,朱旭东.教师资格“国考”研究热点、问题与建议[J]. 课程·教材·教法, 2015(9): 97-102.

[152]刘光然,郭桂英,张召霞.职教师资专业化发展有效途径研究[J]. 电化教育研究,2013(1):109-113.

[153]刘猛. 论职业教育教师的成长与发展[J]. 教育与职业,2007(18):37-38.

[154]刘晓, 沈希. 我国职教师资培养: 历史、现状与体系构建[J]. 河北师范大学学报(教育科学版),2013(11): 71-76.

[155]刘晓萍. 德国职教师资之重:“师傅”培养制度研究[D].天津:天津大学,2008.

[156]孟庆国. 职业教育教师培养体系的构建与实践[J]. 职业技术教育,2013(4): 11-15.

[157]米靖.论职业教育教师的专业化及其要求[J].职教通讯, 2010 (9): 25-31.

[158]裴娣娜. 教育研究方法导论[M]. 合肥:安徽教育出版社, 2008.

[159]钱晓冰.职教教师专业化途径探索[J]. 河北科技师范学院学报(社会科学版),2009(1):118-120.

[160]秦晓红. 中外高校师资管理比较研究[M]. 长沙:湖南教育出版社,2007.

[161]师慧丽. 德国职教教师教育专业课程设置的特征及启示:以科隆大学经济教育专业为例[J]. 比较教育研究, 2014(12): 74-78.

[162]石伟平. 比较职业技术教育[M]. 上海: 华东师范大学出版社, 2001.

[163]石伟平. 比较职业教育[M]. 北京: 高等教育出版社, 2012.

[164]石伟平. 时代特征与职业教育创新[M]. 上海: 上海教育出版社, 2006.

[165]舒尔曼. 实践智慧:论教学、学习与学会教学[M]. 王艳玲,等译. 上海:华东师范大学出版社,2014.

[166]宋广文,魏淑华. 论教师专业发展[J]. 教育研究,2005(7): 71-74.

[167]宋洪霞. 英国职教教师教育与培训体系的特点及启示[J]. 职教通讯, 2006(11): 33-35.

[168]孙翠香. 职教师资培养: 一个亟待关注的问题[J]. 职教论坛, 2013(25): 63-70.

[169]孙进. 德国教师教育标准:背景·内容·特征[J]. 比较教育研究, 2012(8):30-36.

[170]覃丽君. 德国教师教育研究[D]. 重庆:西南大学,2014.

[171]汤霓,石伟平. 新职业主义视角下美国社区学院产教合作模式研究[J]. 外国教育研究, 2015(5): 58-68.

[172]陶保平,黄河清. 教育调查[M]. 上海: 华东师范大学出版社, 2005.

[173]涂三广. 我国职业教育教师队伍建设的三条路径[J]. 教师教育研究, 2015(2): 99-106.

[174]王昊. 德、美、澳职教师资职前培养模式比较研究[J]. 中国职业技术教育,2012(12):80-83.

[175]王宪成. 实行“双证书”制, 培养“一体化”职教师资[J]. 高等工程教育研究,1998(2):3-5.

[176]邬雨刚. 美国教师资格证书制度的历史考察[J]. 内蒙古师范大学学报(教育科学版), 2006(3): 22-24.

[177]吴全全. 职业教育“双师型”教师基本问题研究:基于跨界视域的诠释[M]. 北京:清华大学出版社,2011.

[178]吴全全. 关于职教教师专业化问题的思考[J]. 中国职业技术教育,

2007(11): 30-32.

[179]谢莉花. 德国职业教育师资培养的三性融合课程及启示[J]. 外国教育研究,2014(5): 24-32.

[180]谢莉花. 专业科学视角下的德国职业学校教师教育标准[J]. 世界教育信息,2015(8): 34-37.

[181]徐国庆. 从项目化到制度化:我国职业教育教师培养体系的设计[J]. 教育发展研究, 2014(5):19-25.

[182]徐国庆. 美国双元制职业教师培养模式研究:以俄亥俄州为例[J]. 全球教育展望, 2011(8): 87-91.

[183]徐国庆. 美国职业教育教师培训内容研究:以俄亥俄州为例[J]. 外国教育研究, 2012(6): 121-126.

[184]徐国庆. 美国职业教育教师职业资格证书制度研究:以俄亥俄州为例[J]. 外国教育研究, 2011(1):90-96.

[185]刘德恩,徐国庆. 职业教育原理[M]. 上海:上海教育出版社, 2007.

[186]徐朔,德国职业教育教师培养的历史和现状[J]. 外国教育研究,2004(5):56-59.

[187]徐英俊. 发达国家职教师资职前培养与职后培训的主要特点[J]. 职教论坛,2010(9):89-91.

[188]许凤琴. 教师教育与教师专业化[J]. 高等师范教育研究,2003(3): 7-11.

[189]荀渊, 唐玉光. 教师专业发展制度[M]. 北京: 教育科学出版社, 2011.

[190]张炳耀. 职业技术师范院校发展的回顾与启示[J]. 职业技术教育, 2009(19):57-61.

[191]张治国. 美国四大全国性教师专业标准的比较及其对我国的借鉴意义[J]. 外国教育研究,2009 (10):34-38.

[192]赵风波, 邵兴江. 立法引领教师专业发展:美国《不让一个孩子掉队》

的教师专业发展内涵、措施及影响分析[J]. 比较教育研究,2009(5):82-86.

[193]赵康. 专业、专业属性及判断成熟专业的六条标准:一个社会学角度的分析[J]. 社会学研究,2000(5):30-39.

[194]赵志群,刘邦祥. 职教师资的专门化进程与职业科学的学科发展:从教科文"国际职业教育师资硕士课程框架"谈起[J]. 中国职业技术教育,2007(6): 22.

[195]郑秀英,周志刚. "双师型"教师: 职教教师专业化的发展目标[J]. 中国职业技术教育, 2010(27):75-78.

[196]朱新生,施步洲,庄西真,等. 职教教师专业化内涵及培养体系构建[J]. 职业技术教育, 2011(4):50-54.

后 记

拙著是在我博士学位论文的基础上修改和完善的。选题启发于我的导师石伟平教授所承担的教育部、财政部职业院校教师素质提高计划培养资源开发项目“国际水平职教师资培养标准、培养方案、核心课程和特色教材开发研究”课题。得益于导师的信任和支持，我得以深入参与该课题项目的整体设计与组织。在课题研究的过程中，众多老师、博士后、博士生和硕士生等参与其中，想尽一切办法并通过各种渠道查阅、搜集并翻译了大量各国关于职教师资培养的历史档案、培养标准、培养方案、课程大纲、特色教材、政策法规等一手资料。课题研究范围之广泛、工作量之巨大，使我常常在课题任务和博士论文之间纠结得夜不能寐。所幸的是，最后课题以较优异的成绩顺利结题，并呈现了近90万字的课题成果。而最后的事实也证明，这中间的课题翻译工作虽然痛苦且耗时，但宝贵的一手材料为我的博士论文写作奠定了坚实基础。

博士毕业后，我进入教育部职业技术教育中心研究所工作。这短短的几年时间里，有关职业教育的一系列国家利好政策频繁出台，尤其是《国家职业教育改革实施方案》颁布后，职业教育发展面临着前所未有的机遇，职教教师队伍建设也被置于国家宏观政策层面，引起了社会各界的积极关注。因此，在新时代背景下，如何回应当时的思考与困惑，如何继续这一主题的深入研究，则显得更加有意义。

拙著的付梓，要感谢我的导师石伟平教授。石老师不仅治学严谨，还一直以身示范，教我们“要做学问先做人”的道理。在七年的硕博求学时光里，石老师在学术研究上教会我“顶天立地”，在生活上更是给予了我莫大的关怀与帮助。我还要感谢我的先生、儿子和家人们，是他们的包容让我能在学术道路上勇敢前进；要感谢浙江省现代职业教育研究中心的资助，使得拙著能够被纳入“现代职业教育研究前沿论丛”，并顺利出版；要感谢我单位的各位领导，帮助我顺利完成从学生到工作的转变，给我提供了高的平台和广阔的空间去继续这一主题的研究。最后，我要感谢安徽师范大学出版社的审编校人员，感谢他们为完善本书提出了中肯的意见。

由于时间和精力有限，书中难免有疏漏或不足，恳请广大读者给予批评指正。

汤　霓

2020年盛夏于北京